Elfriede Hammerl

Alte Geschichten

Elfriede Hammerl

Alte Geschichten

Erzählungen

www.kremayr-scheriau.at

ISBN 978-3-218-01106-8
Copyright © 2. Auflage, 2018 by Verlag Kremayr & Scheriau GmbH & Co. KG, Wien
Alle Rechte vorbehalten
Schutzumschlaggestaltung: Sophie Gudenus
Unter Verwendung eines Fotos von Justyna Troc / shutterstock
Typografische Gestaltung und Satz: Michael Karner, Gloggnitz
Druck und Bindung: FINIDR, Český Těšín

Inhalt

——

Die Zeckenimpfung

——

In den vergangenen Tagen habe ich gleich zweimal Männer erblickt, die aussahen wie Bruno, große, behäbige Männer mit dunklen Haaren und einem dunklen Schnauzbart, und mit dieser heiteren, soliden, zuverlässigen Ausstrahlung, die Bruno für mich hatte. Das klingt ein wenig seltsam, denn ich kann nicht erklären, wie es kam, dass zwei wildfremde Menschen einen solchen Eindruck auf mich machten, aber es war so.

Schnauzbärte haben ja leicht etwas Lächerliches und auch an Bruno hat das dicke Büschel schwarzer Haare unter seiner Hakennase ein wenig komisch gewirkt, aber irgendwie passte es zu ihm, zu seiner liebenswerten, kauzigen Art und seinem offenkundigen Mangel an schnöselhafter Eitelkeit.

Beide Male, als die Männer, die mich an Bruno erinnerten, zufällig in mein Blickfeld gerieten, zuckte ich kurz zusammen, obwohl keiner der Männer wirklich Bruno sein konnte, denn Bruno ist tot. Ich weiß das, weil ich auf seine Todesanzeige gestoßen bin, zufällig, nachdem ich viele Jahre nichts von ihm gehört und nicht an ihn gedacht hatte. Seine Todesanzeige in der Zeitung, für die er jahrelang gearbeitet hatte, sprang mir in die Augen, und ich spürte einen sehr persönlichen Schmerz. Ich ertappte mich sogar bei dem Gedanken: Wenn damals etwas geworden wäre aus uns beiden, dann wäre ich jetzt Witwe. Dann hätte dieser Tod mein Leben gerade schlagartig verändert, ich säße nicht gelassen bei meinem Frühstückskaffee, mit heiteren (na ja, vergleichsweise heiteren) Plänen für den Abend, sondern tränenblind, betäubt vom Kummer. Und dennoch tat es mir leid, dass nichts aus uns geworden war; mit ihm gelebt zu haben, wäre wahrscheinlich schön gewesen, dachte ich mir.

Nicht, dass zwischen uns jemals etwas vorgefallen wäre, das Anlass zu solchen Fantasien geboten hätte. Bruno war ein Kollege, mehr nicht, älter als ich und ranghöher, er imponierte mir durch sein Können und durch die Gelassenheit, mit der den Überblick behielt, auch wenn wieder einmal der Hut brannte. In den Redaktionskonferenzen lobte er meine Arbeit und hörte mit offenkundigem Wohlwollen meinen Diskussionsbeiträgen zu.

Privat gab es keine Annäherung, und doch dachte ich, dass ich ihm gefiele und dass er Interesse an mir hätte. Sagen wir so: Ich wartete nicht direkt darauf, dass er die Initiative ergriff, aber ich hätte mich nicht gewundert, wenn er es getan hätte. Unsere Beziehung (sofern dieses Wort überhaupt dafür passt) war in einem allenfalls andeutungsweisen Stadium, das alles offen ließ, ich ging spielerisch durchs Leben damals und hatte viele Eisen im Feuer, Bruno war vielleicht eine Option unter mehreren, vielleicht auch nicht. Dass ich selber initiativ geworden wäre, war undenkbar, das wurden Mädchen zu jener Zeit nicht, schon gar nicht, wenn sie hübsch und umschwärmt waren. Außerdem war ich schüchtern.

Bruno war, vermute ich, auch schüchtern. Vielleicht dachte er, er hätte keine Chancen bei mir. Vielleicht kam ich ihm zu flatterhaft vor. Vielleicht war ich ihm zu glamourös.

Das klingt jetzt eingebildet, aber so ist es nicht gemeint, denn ich selber empfand mich nie als glamourös. Doch ich habe später von etlichen Männern, mit denen ich Jahre zuvor studiert oder gearbeitet hatte, zu hören bekommen: Du hast mir gut gefallen damals, aber ich habe mich nicht an dich herangetraut. Du bist mir so unerreichbar erschienen.

Das lag an meiner Schüchternheit, die ich angestrengt zu tarnen versuchte. Ich gab viel Geld für Kleidung aus (zu viel Geld, gemessen an meinem Einkommen) und bemühte mich, unbefangen und lässig zu wirken. Ich spielte die Tochter aus gutem Haus, perfekt gestylt, eloquent, sarkastisch, selbstsicher, und offenbar spielte ich diese Rolle überzeugend, obwohl ich mich ständig im Verdacht hatte, durchschaubar zu sein.

Meine Kindheit und meine Schulzeit waren alles andere als glamourös gewesen, ich trug die abgelegte Kleidung meiner älteren Schwester auf und musste, wenn ich aus dem Haus ging, meine kleine Schwester und meine Pflegebrüder mit mir schleppen. (Nicht immer dieselben, denn die Pflegebrüder – aus unerfindlichen Gründen landeten stets Jungen bei uns – wechselten.) In unserer ordentlichen, an christlichen Werten orientierten Familie ging es streng und karg zu. Meine Eltern sahen es nicht gern, dass ich mich, kaum erwachsen, einem Milieu zuwandte, das in ihren Augen fragwürdig war – Kunstschaffende, Zeitungsmenschen, Filmleute –, aber sie legten mir keine Steine in den Weg. Das hielt ich ihnen zugute.

Von Bruno hörte man dann auf einmal, dass er mit einer Reporterin verbandelt sei, die für eine regionale Tageszeitung arbeitete. (Wir von der überregionalen Presse schauten immer mit einer Spur Herablassung auf solche Blätter.) Ich fand sie mäßig hübsch und ein bisschen langweilig, aber vielleicht war das der Grund, warum er ihr gegenüber nicht schüchtern war. Ich gebe mich natürlich nicht dem Wahn hin, dass Bruno in Wahrheit mich liebte und sie zweite Wahl für ihn war, aber ich halte es für möglich, dass sich Bruno in mich verliebt hätte, wenn es mir eingefallen wäre, ihn zu ermutigen, bevor er sich in sie verliebte.

Ehe man sich's versah, waren die zwei verheiratet. Brunos Frau hängte ihren Beruf an den Nagel und schenkte dem Gatten drei Söhne. Ich hätte nicht mit ihr tauschen mögen. Aber vielleicht wäre es, denke ich heute, gar nicht nötig gewesen, dass sie ihren Beruf aufgab, Bruno hätte sich bestimmt auch für eine andere Lösung gewinnen lassen.

Für mich blieben die Draufgänger, die Glücksritter, die Eroberer. Die ließen sich von meinem vermeintlichen Glamour nicht abschrecken, im Gegenteil. Solche wie Bruno machten einen Bogen um mich, solche wie Frank blieben an mir dran und kriegten mich herum. Ich wollte mich ja hingeben, ich wollte ja nicht allein bleiben, ich war ja gar nicht unerreichbar.

Es hätte mit einer einfachen Antwort auf eine einfache Frage abgetan sein können.
Warst du schon bei der Zeckenimpfung?
Ja, war ich.
Oder: Nein, aber ich gehe nächste Woche.
Stattdessen sagt Frank: Nein, das brauch ich nicht.
Was soll das heißen?
Nicht notwendig.
Sagt wer?
Sage ich. Alles nur Panikmache. Alle diese Impfungen und was weiß ich. Reine Abzockerei. Ich mache da nicht mit.
Du hast plötzlich ideologische Bedenken gegen die Zeckenschutzimpfung?
Und keine Zeit.
Ich schaue ihn verblüfft an. Frank hat sich mit seiner Arbeitgeberin, der öffentlich-rechtlichen Rundfunkanstalt, vor zwei Jahren auf eine Art Teilpensionierung geeinigt, was ihn in die Lage versetzt, bei ausreichenden Bezügen ausgiebig Golf zu spielen. Dass ein Impftermin seine Agenda sprengt, ist schwer vorstellbar.
Du bist so sehr mit wichtigen Verpflichtungen zugepflastert, dass du keine Zeit für eine Zeckenimpfung hast!?, frage ich.
Wir sitzen in einem griechischen Lokal, der Abend hat entspannt begonnen, wenn man davon absieht, dass Frank säuerlich angemerkt hat, ich hätte nicht unbedingt bei einem Griechen reservieren müssen, wo wir uns doch beide nichts aus Souvlaki machen.

Jetzt seufzt er ungeduldig. Geh mir nicht auf den Sack. Ich habe mich erkundigt. Es gibt keine wirksame Impfung gegen Borreliose.

Richtig. Die Zeckenimpfung schützt ja auch vor FSME.

Ist das nicht dasselbe?

Nein. FSME ist die Abkürzung für Frühsommer-Meningo-Enzephalitis.

Machst du jetzt auf Medizinerin?

Nein, aber du hast ...

Er unterbricht mich. Ist doch egal, wie das Zeug heißt. Wer kriegt das schon? Die Borreliose ist das Gefährliche, das weiß ich, die hat meinem Cousin fast das Kniegelenk zerstört. Aber davor schützt deine wunderbare ABC-Impfung ja leider nicht.

Ich höre, wie sich meine Stimme ein wenig in die Höhe schraubt. Es ist mir unangenehm, doch ich kann nichts dagegen machen. Meningo-Enzephalitis bedeutet Hirnhautentzündung, sage ich. Wenn du Pech hast, bist du danach gelähmt und ein Pflegefall.

Frank lacht auf. Mein Gott, das wird ja immer ärger mit dir. Du bist eine professionelle Schwarzseherin, weißt du das? Sei doch einmal ein bisschen locker. Freu dich zur Abwechslung am Leben. Geht das nicht?

Unsere alte Rollenverteilung. Ich vorsichtig, korrekt, informiert. Er der sorglose große Junge, der Sprunghafte, der Kreative. Jedenfalls seiner Selbstdefinition nach.

Die Draufgänger erobern Terrain. Sie belegen dich mit Beschlag. Sie machen dir deinen Glamour streitig. Sie wollen im Vordergrund stehen. *Sie* wollen die Glamourösen sein. Ich hätte mich von Frank trennen sollen, als ich merkte, wie mein Lack abblätterte an seiner Seite. Aber meiner Erfahrung nach wäre Frank ohnehin nur von einem weiteren Frank abgelöst worden. Inzwischen war ich auf Männer abonniert, die mich wieder zu dem

11

machten, was ich hinter meiner schicken Fassade immer gewesen war: die brave, umsichtige große Schwester. Und die kleine Schwester, die einsichtig die Kleider der älteren aufträgt, dazu. Bis heute bin ich Franks Stimme der Vernunft. Frank braucht mich, damit er unvernünftig sein kann, spontan, leichtlebig. Er ist unbekümmert, weil ich das Sich-Kümmern übernehme.

Obwohl: kreativ? Was hat er denn geschaffen in all den Jahren? Wo sind die Früchte seines angeblichen Talents?

Ein paar Jahre hindurch hat er eine nicht besonders tiefsinnige TV-Sendereihe moderiert, das hat ihm eine gewisse Popularität eingetragen. Er sah gut aus (sieht gut aus, sollte ich wohl sagen, aber ehrlich, auch an ihm nagt unübersehbar der Zahn der Zeit) und was er präsentiert hat, stellte keine großen intellektuellen Anforderungen an sein Publikum. Dafür wurde er, wie ich mittlerweile finde, unverhältnismäßig gut bezahlt, was in ihm leider die Überzeugung festigte, dass er das viele Geld wert sein muss.

Lange war ich der Meinung, dass er seine Schwächen durch seinen Charme wettmacht. Frank ist ein gutes Gegengewicht zu mir, sagte ich mir, er bringt mich dazu, das Leben spielerischer anzugehen.

Ohne mich würdest du in Arbeit ertrinken, behauptet Frank gern, ich tue dir gut. Nein, falsch, wörtlich sagt er: Ohne mich würdest du in *deiner* Arbeit ertrinken, ich tue dir gut.

Das Possessivpronomen macht den Unterschied. Ich ertrinke ja nicht in irgendeiner Arbeit, sondern in meiner. Meine Arbeit ist etwas, das ich mir *mache*. Freiwillig. Eigentlich wäre es nicht nötig, aber ein innerer Zwang treibt mich. *Du machst dir zu viel Arbeit.*

Frank sorgt dafür, dass ich meine Arbeit auch einmal auf die leichte Schulter nehme. Er nimmt sie mir nicht ab, aber er packt sie mir auf die leichte Schulter.

Der Abend ist so schön, sagt er, jetzt vergiss diesen Auftrag doch für ein paar Stunden, setz dich mit mir ans Wasser, wir trinken was, wir schauen in den Sonnenuntergang, entspann dich einfach. Und am nächsten Tag sagt er: Gib zu, das war eine gute Idee, gib zu, du hast es genossen.

Und ich sage ja, ich habe es genossen, und rede nicht darüber, dass ich anschließend, als er schon im Bett lag, bis zum Morgen an dem Artikel geschrieben habe, den ich auf sein Geheiß hin vergessen sollte, der aber zeitgerecht fertig sein musste. Während ich schrieb, redete ich mir ein, der Ausflug ans Wasser sei die durchwachte Nacht wert gewesen, aber tatsächlich bin ich nicht mehr in einem Alter, in dem man durchwachte Nächte locker wegsteckt.

Frank steht offen zu seinen Schwächen. Er kann schwach sein, weil ich stark bin. Wieso hast du mich nicht erinnert?, ruft er, wenn er vergessen hat, sein Auto zeitgerecht zur jährlichen Begutachtung zu bringen oder einem seiner alten Freunde zum Geburtstag zu gratulieren oder seinen Pass erneuern zu lassen, wieso hast du mich nicht erinnert, du weißt doch, dass du mein Gedächtnis bist, ohne dich bin ich hilflos.

So ergänzen wir einander in seinen Augen: Er ist ohne mich hilflos, ich würde ohne ihn in meiner Arbeit untergehen; er bringt mich dazu, meine Arbeit liegen zu lassen, im Gegengeschäft soll ich die Aufgaben wahrnehmen, die aus seiner Hilflosigkeit erwachsen. Du weißt doch, ich kann mit meiner Mutter nicht reden, nach zehn Minuten streiten wir, sagte er, als seine Mutter noch lebte, du gehst viel besser mit ihr um, besuch du sie doch.

Im Zweifelsfall soll ich nicht in *meinen* Pflichten aufgehen, sondern in *seinen*.

Frank ist es nicht gegeben, sich mit Sachen zu beschäftigen, die Geduld erfordern, Genauigkeit, Zähigkeit, Durchhaltevermögen. Frank ist ein Bruder Leichtfuß, liebenswürdig, oberflächlich und bequem, und über weite Strecken seines Lebens ist er damit durchgekommen. Ich kann nicht behaupten, dass meine Vorsicht belohnt und seine Sorglosigkeit vom Schicksal bestraft wurde. Frank hat sich zeit seines Berufslebens nie überanstrengt und es sind ihm keine Nachteile daraus erwachsen. Er vergisst, die Wohnungstür abzusperren, doch es kommen keine Einbrecher des Weges. Er spaziert auf gut Glück zum Konzerthaus und kriegt einen Parkettsitz für einen ausverkauften Abend, weil ihm eine Besucherin die Eintrittskarte ihrer erkrankten Freundin günstig abtritt. Ich wäre in so einem Szenario die erkrankte Freundin: Tickets rechtzeitig bestellt und trotzdem daheim.

Zur Sicherheit nehme ich bei prognostizierter Schauerneigung einen Schirm mit, doch wenn dann ein Wolkenbruch herunterprasselt, werde ich nass, weil der Schirm nichts taugt, während Frank, gerade in der U-Bahn, vom Gewitter gar nichts mitbekommt.

Frank hält sich also nicht ganz zu Unrecht für Gustav Gans. Wenn ihn sein Glück aber doch einmal verlässt, dann bin ich dran mit der Schadensbegrenzung. Na sowas, sagt er erstaunt, als die Kunststoffschüssel, die er auf der heißen Herdplatte abgestellt hat, stinkend mit dem Ceranfeld verschmilzt. Er betrachtet irritiert, was er da angerichtet hat. Fürs Abtragen der eingebrannten Plastikmasse fühlt er sich jedoch nicht zuständig. Wenn es nach ihm ginge, hätte der Herd in Zukunft einfach eine Kochfläche weniger. Aber er kann sich darauf verlassen, dass es nicht nach ihm geht – ich bin ja auch noch da. Ich bekämpfe Schäden, weil ich nicht mit ihnen zu leben vermag. Sie stören mich. Ich halte sie nicht aus. Frank ist da ganz locker. Frank hat die besseren Nerven. Locker kann er mit Schäden leben, weil ich es nicht kann. Wie lange würde er es aushalten mit einem devastierten Herd? Ich möchte es gar nicht herausfinden.

Bevor wir in diese leidige FSME-Debatte gerieten, sagte ich: Christoph will morgen Abend vorbeikommen.

Wieso?, fragte Frank, der sich Souvlaki bestellt hatte, um mir vor Augen zu führen, welches Opfer ihm meine gedankenlose Reservierung beim Griechen abverlangte.

Um uns zu sehen, nehme ich an, antwortete ich.

Kommt Margret mit?

Nein, Margret fährt zu ihren Eltern. Die wir übrigens endlich wieder einmal einladen sollten.

Frank verzog das Gesicht. Wenn du dir die Mühe machen willst ...

Nein, will ich nicht. Aber es würde sich gehören.

Was für langweilige Schwätzer. Verlorene Zeit.

Du kannst schlecht verlangen, dass Christoph seine Freundinnen danach aussucht, ob uns ihre Eltern gefallen, sagte ich lachend.

Frank lachte auch. Na gut. Wie du glaubst. Aber rechne nicht mit meiner Hilfe beim Kochen.

Du warst mir noch nie eine Hilfe beim Kochen, sagte ich. Und wenn du mich weiter ärgerst, gibt es Souvlaki.

Wir haben einen Sohn, er ist inzwischen erwachsen. Frank war unserem Kind ein fröhlicher, aber etwas unberechenbarer Spielkamerad, darauf bedacht, ihn an lustigen Einfällen zu übertreffen. Regeln sind dazu da, dass man sie missachtet!, predigte er und war stets auf Christophs Seite, wenn sich dessen Regelverstöße gegen andere richteten, zum Beispiel gegen mich, gegen seine Lehrerinnen, gegen Polizisten, gegen amtliche Jugendverbote aller Art. Sobald unser Sohn jedoch Frank den Gehorsam verweigerte, wurde Frank sehr schnell sehr ungehalten. Dann wandte er sich von ihm ab und empört mir zu: Kannst du mir erklären, was in dem Burschen vorgeht? Wie ein enttäuschendes Spielzeug warf er ihn mir gewissermaßen vor die Füße: Da, nimm du ihn, ich will ihn nicht mehr. Das sagte er nicht mit diesen Worten, aber sein Verhalten lief darauf hinaus. Ich war, mehr oder weniger, eine alleinerziehende, verheiratete Mutter, und so ist es geblieben.

Bis heute wendet sich Christoph in ernsten Angelegenheiten und wenn er etwas braucht, an mich. Papa ist für unbeschwerte Kumpel-Unternehmungen zuständig. Falls Papa Zeit hat, denn anders als ich war Frank nie bereit, seine Zeitpläne auf die Bedürfnisse unseres Sohnes abzustimmen. Christoph nimmt es ihm jedoch nicht übel. Er hat ja eine verfügbare Mutter.

War ich betrübt, als Bruno mit dieser Kollegin eine Familie gründete? Nein, nicht die Spur. Ich fand mich damals viel zu jung, um schon an Familiengründung zu denken, ich wollte noch etwas erleben, ich wollte Spannung und Abwechslung und Aufregung und Abenteuer. Na ja, Abenteuer erlebte ich nicht wirklich, eigentlich war dieses Herumziehen und Festefeiern und Neue-Leute-Kennenlernen, von dem ich hoffte, dass es abenteuerlich wäre, nicht wirklich aufregend, aber eine Zeit lang ganz unterhaltsam.

Nach meiner damaligen Überzeugung beneideten mich die Frauen der Brunos um meine spannenden Erlebnisse an der Partyfront und um die tollen Männer, die mich umschwirrten und von denen am Ende einer dann Frank war, nachdem sich zwei stadtbekannte Womanizer als beziehungsunfähig erwiesen hatten. (Ich bin beziehungsunfähig, sagten sie, als wäre das ein eleganter genetischer Defekt, der auf eine erlesene Ahnenreihe von bereits beziehungsunfähigen Herzensbrechern verweist.) Frank war auch ein Womanizer, aber zum Glück beziehungsfähig.

Wir einigten uns auf eheliche Treue, als wir heirateten, und hielten dieses Versprechen insofern ein, als wir unserer Ehe treu geblieben sind. Ich hatte in all den Jahren ein paarmal bedeutungslosen Sex mit anderen Männern, und ich vermute, dass auch Frank fremdgegangen ist, aber da wir uns nicht mit gegenseitigen Geständnissen quälten, leben wir nach wie vor in aufrechter ehelicher Gemeinschaft. Die Frauen rannten Frank während seiner Glanzzeit zwar geradezu die Tür ein, doch ich kann mir vorstellen, dass das in gewisser Weise kontraproduktiv war. Frank möchte erobern und nicht zu Fall gebracht werden.

Ein paarmal habe ich mich von Frank in Gedanken getrennt, denn das mit dem Charme, der die Waage letztlich zu seinen Gunsten ausschlagen lässt, klappt schon lange nicht mehr, zumal er an mich kaum noch Charme verschwendet.

Wenn ich mir dann aber überlegte, wie es wäre, ohne ihn zu leben, wurde mir bang. Er ist mir vertraut, ich bin an ihn gewöhnt, und ich dachte, dass ich ihn vermissen würde. Ich habe keine Ambitionen, noch einmal von vorn anzufangen. Dass mir in meinem Alter einer über den Weg läuft, für den sich die Mühen eines Neubeginns lohnen, ist sowieso unwahrscheinlich.

Die Vorstellung, dass Frank zu einem Fremden würde, dem ich eines Tages begegnete wie einem flüchtigen Bekannten, trieb mir Tränen in die Augen.

Nein, ich gehe nicht zu dieser blöden Impfung, sagt Frank jetzt. Und nun lass mich damit in Ruhe.

Lass mich damit ich Ruhe. Ein oft gehörter Satz.

Deine Mutter wird die Badewanne nicht mehr benützen können, wenn sie aus dem Krankenhaus kommt. Wir sollten uns um eine Dusche kümmern.

Ach was, das klappt schon. Kannst du mich jetzt bitte in Ruhe lassen?

(Es klappte nicht. Nachdem sie dann beim Versuch, in die Wanne zu steigen, stürzte und sich zwei Rippen brach, sorgte ich für den Einbau einer Dusche.)

Du musst das mit der Einkommensteuer klären. Was du zusätzlich verdienst, musst du deklarieren.

Ich hab jetzt wirklich Wichtigeres im Kopf als diesen bürokratischen Kleinkram. Lass mich bitte in Ruhe.

(Die Steuernachzahlung fiel geschmalzen aus. Wir stornierten unseren Urlaub in der Camargue. Frank klagte, ich hätte ihn warnen sollen.)

Bist du sicher, dass du diesen Werbespot machen darfst? Hast du dir deinen Rundfunkvertrag angeschaut?

Den muss ich mir nicht anschauen. Natürlich geht das. Kannst du bitte einmal Ruhe geben?

(Der Werbespot wäre fast das Ende von Franks Fernsehkarriere gewesen.)

Frank lässt sich also nicht impfen. Na und? Seine Entscheidung. Trotzdem erfüllt mich plötzlich eine unbändige Wut. Seine Entscheidung? Von wegen. Wahrscheinlich hat er ja Glück und es passiert ihm nichts. Was aber, wenn doch?

Blitzschnell beginnt mein Hirn Bedrohungsszenarien abzuspulen, ich kann es nicht verhindern. Ich sehe mich an Franks Krankenbett, am Bett eines hilflosen Pflegefalls. Sein Leben ist verpfuscht, meines auch. Und nur, weil er sich weigert, zu einer simplen Impfung zu gehen.

Er ist leichtsinnig und ich muss es vielleicht büßen.

Er setzt seine Gesundheit aufs Spiel, und wenn er verliert, verliere ich auch. Niemand fragt mich, ob ich mitspielen will, aber alle werden erwarten, dass ich bei ihm bleibe, mich um ihn kümmere, ihn versorge, mich seiner Pflege widme, wenn er bei diesem Spiel die Arschkarte zieht.

Man würde glauben, dass ich froh sei, ihn pflegen zu dürfen, weil ich froh wäre, dass er wenigstens am Leben ist. Ich würde aber nicht froh sein. Vielleicht wäre ich ganz im Gegenteil froh, wenn er nicht mit dem Leben davonkäme. Vielleicht wäre ich froh, wenn wenigstens sein Leben als Pflegefall bald zu Ende ginge. Und zwar nicht um seinet-, sondern um meinetwillen.

Aber ich dürfte zu niemandem etwas darüber sagen. Ich müsste verschweigen, dass es mich nicht freut, dass er wenigstens am Leben ist. Ich müsste verschweigen, dass ich ihn hasse, weil ich ihn pflegen soll. Ich müsste meine Schuldgefühle verschweigen. Auch dafür würde ich ihn hassen.

Vielleicht würde ich ihn ja in ein Heim geben können. Ich könnte ein gutes Pflegeheim für ihn suchen. Das wäre teuer. Aber lieber Tag und Nacht arbeiten, um einen guten Heimplatz bezahlen zu können, als Tag und Nacht an einen Pflegefall gekettet zu sein.

Freilich müsste ich mit Vorwürfen rechnen, wenn ich ihn in ein Heim gäbe. Tag und Nacht würde ich für ihn arbeiten und wäre doch eine herzlose Schlampe, die ihn in seinem Unglück allein lässt, auch wenn er sein Unglück leichtfertig provoziert hat.

Was anderes wäre es ja, wenn er nicht mutwillig, sondern ohne sein Verschulden ins Unglück geriete. Durch einen Unfall zum Beispiel. Ich würde ihn auch dann nicht pflegen wollen, aber ich würde es tun, ohne ihn dafür zu hassen. Das wäre ein Unterschied. Bestimmt. Ich wäre wütend auf das Schicksal, aber nicht auf ihn.

Wäre ich dann froh, dass er mit dem Leben davongekommen ist?

Ich weiß es nicht. Je nachdem. Ist einer, von dem nur noch physische Überreste da sind, überhaupt mit dem Leben davongekommen? Und überträgt sich die Zuneigung, die man für den hatte, der er vorher war, automatisch auf das, was von ihm noch übrig ist?

Ich kann es mir nicht vorstellen. Aber in diesem Fall hätte ich das Gefühl, ich wäre es Frank schuldig, so zu tun als ob.

Einem Frank hingegen, der sich ohne Notwendigkeit einem Risiko aussetzt, für das ich dann hafte, dem bin ich doch wohl gar nichts schuldig.

Schau nicht so böse, sagt Frank kauend. Dafür, dass er Souvlaki nicht mag, schaufelt er ganz beherzt in sich hinein.

Ich sehe, es schmeckt dir, sage ich.

Er grinst. So bin ich. Immer freudig zu einem Opfer bereit.

Bruno hat sich bestimmt regelmäßig impfen lassen, ganz ohne Trara. Die Brunos sind verantwortungsbewusst. So wie ich. Ich bin ein weiblicher Bruno. Aus Bruno und mir konnte nichts werden, weil wir aus dem gleichen Holz geschnitzt waren. Bruno hat mich nicht zu glamourös gefunden, sondern sich zu ähnlich. Er hat mich durchschaut. Eine wie ich. Kenne ich schon. Das fand er vielleicht langweilig. Obwohl ich nicht begreife, was an seiner Frau aufregender gewesen sein soll.

War Bruno pflegebedürftig, bevor er starb? Hat Brunos Frau ihn gerne gepflegt, falls er gepflegt werden musste, froh darüber, dass er noch da war, solange er da war? Ach nein, er sei plötzlich und unerwartet gestorben, hieß es in der Todesanzeige.

Trotzdem. Hat Brunos Frau ihn ohne aufgestauten Zorn umsorgt und geliebt, weil Bruno liebenswerter war als Frank? Oder weil sie ein besserer Mensch war als ich? Oder sammelt sich in jeder langen Beziehung unabänderlich zerstörerischer Groll an, der lange im Hinterkopf verräumt wird, bis plötzlich ein Anlass, ein scheinbar nichtiger vielleicht, ihn hervorbrechen lässt? *Das vergesse ich dir nie, das verzeihe ich dir nie*, sowas? Vielleicht sterben manche einfach, ehe der Anlass da ist, der den finalen Grollausbruch provoziert, und das Ganze gilt dann als lange, glückliche Ehe?

Wenn du dir die Mühe machen willst. Nein, will ich nicht. Ich will mir keine Mühe machen. Ich will in keiner Arbeit mehr ertrinken, egal, wer sie mir macht.

Wenn du nicht zur FSME-Impfung gehst, verlasse ich dich, sage ich zu Frank.

Er lacht. Er hält es für einen Scherz.

Campari Orange

—

Campari Orange, den hat meine Frau auch immer genommen.

Dieser Satz, gleich zu Beginn ihrer Bekanntschaft, hätte ihr zu denken geben sollen, fand Beate.

Den hat meine Frau auch immer genommen! Wehmütig. Der Abend blasslila und lau, aber jeder schöne Moment der Erinnerung an die Verblichene geweiht. Er sagte nicht meine verstorbene Frau, sondern meine Frau, obwohl sie zu diesem Zeitpunkt schon mehrere Jahre tot war. Na ja. Drei, genau genommen. Zweieinhalb, noch genauer. Treue über den Tod hinaus.

Zweieinhalb Jahre, das war eine angemessene Trauerzeit, hatte Beate ursprünglich gedacht, nicht zu wenig und nicht zu viel, nach zweieinhalb Jahren Trauer konnte man bereit sein für einen Aufbruch ins Neue. So verhieß es jedenfalls die Küchenpsychologie. Beate fehlte eine derartige Erfahrung. Zwar waren zwei Männer, mit denen sie eine Liebesbeziehung gehabt hatte, mittlerweile gestorben, aber da es sich um Ex-Lover handelte, riss ihr Tod keine allzu schmerzliche Lücke in ihr Leben. Man war nur noch in losem Kontakt gewesen. Manchmal, wenn ihr einfiel, dass sie Jürgen oder Bernd nie wiedersehen würde, überkam sie sanftes Bedauern; im Grunde galt es aber mehr der bestürzenden Einsicht in die Endlichkeit des Lebens als dem Verlust der beiden.

Sie war nicht auf eine Ferienbekanntschaft aus gewesen, als Paul sie auf der Hotelterrasse ansprach. Darf ich Sie auf einen Drink einladen?

Warum nicht?, antwortete sie.

Er war ihr schon nach ihrer Ankunft aufgefallen, denn er war ein attraktiver Mann. Aber sie war für ein paar Tage ans Meer geflogen, um allein zu sein und in Ruhe genau das zu tun, wonach ihr gerade war. Sie hatte sich danach gesehnt, einmal nicht reagieren, antworten, Erwartungen entsprechen, funktionieren zu sollen. Sie hatte einen fordernden Beruf und Kinder, die zwar längst keine Kinder mehr waren, aber immer noch ihre Aufmerksamkeit beanspruchten. Ihre letzte Beziehung zu einem Mann lag zwei, drei Jahre zurück, sie hatte sich unter Wut und Tränen von ihm getrennt. Als die Wut verraucht war, bemerkte sie, dass es ihr gut ging allein. Sie wollte keine Familie mehr gründen. Sie brauchte sich und anderen nicht mehr zu beweisen, dass sie imstande war, einen Mann an sich zu binden. Es gab keine Notwendigkeit mehr, eifersüchtig und misstrauisch zu sein, auch das war erleichternd. Und Sex war ihr nicht mehr so wichtig wie ehedem. Der Verzicht auf die Suche nach einem potenziellen Partner – die ihre Single-Phasen meistens dominiert hatte – war so etwas wie eine Befreiung.

Warum nicht?, sagte sie zu Paul, und so war es auch gemeint. Es sprach nichts dagegen, mit einem attraktiven Mann einen Sundowner zu trinken, und es sprach nichts dafür, dieser Einladung eine besondere Bedeutung beizumessen. Aber genau darauf war es hinausgelaufen. Zu seiner Mitteilung, auch seine Frau habe immer Campari Orange genommen, hatte sie höflich gelächelt und sich einen Kommentar verkniffen. Campari Orange war ja nun wirklich keine besonders originelle Wahl. Dass Pauls verstorbene Frau ihn gern getrunken hatte, zeugte nicht von Seelenverwandtschaft und sagte nichts über sie aus.

Der selige Zustand der Ahnungslosigkeit, was die Lebensgewohnheiten von Pauls Frau betraf, war Beate allerdings nicht lange erhalten geblieben. Bald wusste sie mehr über ihre Vorgängerin, als sie jemals erfahren hatte wollen. Keine schmutzigen Geheimnisse, leider. Vielmehr war sie überinformiert, was vergangene Alltagsbanalitäten betraf. Der Alltag seiner verstorbenen Frau war an die vierzig Jahre auch Pauls Alltag gewesen, und wenn Paul über sein Leben sprach, dann sprach er über sein Leben mit Melanie (so hatte seine Frau geheißen) und Melanies Eltern, Brüdern, Schwägerinnen, Nichten und Neffen. Die Familie war Melanie und Paul sehr wichtig gewesen, und da sie keine eigenen Kinder hatten, investierten sie ihre elterlichen Gefühle in die Kinder von Melanies Brüdern. Beates Kinder weckten keine väterlichen Gefühle in Paul, die kannte er ja auch nicht lange genug.

Paul hatte Beate vom ersten Moment an umworben. Zielstrebig war er davon ausgegangen, dass sie sich wie er nach Zweisamkeit sehnte. Er hatte sie, das wurde ihr erst später klar, bedauert, weil sie allein unterwegs gewesen war. Während sie ihm ahnungslos gegenübersaß, fröhlich, selbstsicher, unabhängig (so zeigte sie ihr Selbstbild), hatte er beschlossen, sie aus ihrer vermeintlichen Einsamkeit zu retten. Er sah sich als Erlöser.

Beate nahm es ihm zunächst nicht übel. Wenn einer vier Jahrzehnte symbiotisch mit einer Ehefrau verbunden gewesen war, kann er, sagte sie sich, vielleicht nicht anders, als in der Symbiose die einzig natürliche Lebensform zu sehen.

Aber warum bemerkte er noch immer nicht, dass Beate aus einem anderen Holz geschnitzt war? Inzwischen hätte er doch herausgefunden haben müssen, dass ihr Leben, ehe sie ihn traf, keineswegs unglücklich gewesen war.

Okay, ganz falsch lag er nicht mit seiner Selbsteinschätzung als in gewisser Weise rühmliche Ausnahme. Die Männer, an denen Beate in der Vergangenheit Gefallen gefunden hatte, zeichneten sich nicht unbedingt durch Treue oder Verlässlichkeit aus. Sie waren originell, interessant, charmant, egozentrisch und häufig unaufrichtig. Beate hatte einen Hang zu Partnern, die diese Bezeichnung nicht wirklich verdienten.

Einen Hang oder einfach kein Talent zum Aufspüren der Braven, Zuverlässigen, mit denen man unbeschadet zusammenleben konnte? Früher hatte Beate dazu geneigt, sich für unbegabt zu halten, was den sicheren Griff nach anständigen, für stabile Beziehungen geschaffenen Männern betraf. Seit einiger Zeit hegte sie jedoch Zweifel, dass ihr die Windhunde bloß passiert waren. Windhunde hatten ihre Qualitäten. Zum Beispiel hüteten sie sich, einen mit Erzählungen über ihr Vorleben zu strapazieren.

Sie musste Paul zugutehalten, dass er Melanie posthum wenigstens nicht mit einem Heiligenschein versah. Manche Männer taten das nach dem Tod ihrer Frauen. Beate hatte eine Freundin, deren Liebhaber im Ton höchster Begeisterung von seiner verstorbenen Gattin redete, obwohl alles, was er über sie erzählte, verabscheuungswürdig klang. Wie sie mit bezaubernder Sorglosigkeit das Geld zum Fenster hinausgeworfen habe. Wie sie prinzessinnengleich mit Unmengen von Gepäck gereist sei und niemals einen Koffer selber getragen habe. Wie sie sich nicht gescheut habe, Menschen ihre Abneigung zu zeigen, wenn sie ihr nicht zu Gesicht standen, egal, ob ihrem Mann daraus berufliche Nachteile erwuchsen oder nicht. Letzteres hätte Beate als Kennzeichen eines aufrechten Charakters eventuell durchgehen lassen, hätte sie aus den Erzählungen des Witwers nicht den Eindruck gewonnen, dass seine Gemahlin Leute vor allem dann ablehnte, wenn sie ihren snobistischen Standards nicht genügten.

Er muss sie sich liebenswert reden, sonst müsste er sich fragen, warum er all die Jahre bei ihr geblieben ist, sagte Beates Freundin entschuldigend. Das mochte stimmen, aber Beate hätte es in die Flucht geschlagen.

So verhielt sich Paul zum Glück nicht. Er schilderte Melanie als einen Menschen mit Vorzügen und Fehlern. Beate war sich allerdings nicht sicher, ob sie Melanie sympathisch gefunden hätte, wären sie einander begegnet. Nicht unsympathisch vielleicht, aber auch nicht interessant genug, um mit ihr befreundet zu sein.

Paul war treu, darum hielt er auch seinen Gewohnheiten die Treue. Zum Beispiel war er daran gewöhnt, einmal in der Woche mit Melanies Bruder Freddy und dessen Frau Ursula zu Abend zu essen.

Du musst die beiden kennenlernen, sagte er zu Beate, kaum dass sie einander nähergekommen waren.

Beate war nicht sonderlich scharf darauf, widersetzte sich aber nicht. Sie gingen mitsammen aus, und Beate hatte den Eindruck, dass auch für Freddy und Ursula mehr Pflicht als Neigung im Spiel war. Wahrscheinlich schmerzte es sie – vor allem Freddy –, dass Melanie von Paul als ersetzbar betrachtet wurde. Und bestimmt unterzogen sie Beate einer kritischen Prüfung. War sie würdig, Melanies Stelle einzunehmen, oder konnte sie ihr nicht das Wasser reichen? Waren sie am Ende darauf aus, herauszufinden, dass sie Melanie nicht das Wasser reichen konnte?

Als Paul bald nach diesem Abend das nächste Treffen vereinbaren wollte, reagierte Beate verständnislos.

Schon wieder?

Ich gehe jede Woche mit ihnen essen.

Ja, du. Aber ich?

Jetzt schaute Paul erstaunt. Ich denke, du findest sie nett?

Ja, schon ...

Aber?

Aber ich hatte eigentlich nicht vor, sie so regelmäßig zu sehen, sagte Beate vorsichtig.

Paul schüttelte konsterniert den Kopf. Wieso? Die beiden sind immerhin meine Familie.

Streng genommen waren sie Melanies Familie, dachte Beate, schalt sich aber sofort wegen dieser kleinlichen Wortklauberei.

Erst später begriff sie, dass sie instinktiv den springenden Punkt erkannt hatte. Der springende Punkt war, dass Paul Freddy und Ursula deswegen traf, weil er sie als seine Familie empfand. Nicht als Menschen, die seine Interessen, Ansichten oder Anliegen teilten, sondern als Verwandte, die man traf, weil man mit ihnen verwandt war. Was ihn mit Freddy und Ursula verband, war seine Ehe mit Melanie.

Ich habe nicht behauptet, dass ich die beiden nie mehr sehen möchte, präzisierte Beate. Aber ich muss doch nicht jedes Mal dabei sein.

Paul zog ein zweifelndes Gesicht. Wie sieht denn das aus, wenn du einmal mitkommst und dann wieder nicht?

Das sieht nach zwei erwachsenen Menschen aus, sagte Beate fest.

Aber so einfach war es nicht. Denn nach einer Weile fand sie es befremdend, dass er an den Abenden mit Ursula und Freddy unbeirrbar festhielt. Konnte er die zwei nicht einmal auslassen und stattdessen mit ihr in das Konzert dieser großartigen spanischen Pianistin gehen, für das sie überraschend Karten aufgetrieben hatte?

Tut mir leid, sagte er standhaft, aber das kann ich nicht. Nimm eine Freundin mit.

Danke für den Ratschlag, fauchte Beate verärgert, auf diese Idee wäre ich nie gekommen.

Natürlich konnte sie eine Freundin mitnehmen. Was sie störte, war das Ranking, demzufolge Ursula und Freddy wichtiger für ihn waren als ein Konzertbesuch mit ihr.

Später fand sie heraus, dass er sich nichts aus anspruchsvoller Musik machte. Genau genommen machte er sich überhaupt wenig aus Musik, er hielt sie samt und sonders für ein mehr oder weniger störendes Hintergrundgeräusch. Melanie und er waren nie in Konzerte gegangen. Sie waren überhaupt wenig ausgegangen. Sie hatten sich die Zeit mit Freddy und Ursula vertrieben, und seit Melanies Nichte Sandra zwei Kinder bekommen hatte, waren sie dort gern gesehene Babysitter gewesen, wenn die jungen Eltern einen romantischen Abend zu zweit verbringen wollten. Vor allem Melanie habe sich, hieß es, mit großer Freude als Reservegroßmutter zur Verfügung gestellt.

Das Babysitten hatte Paul mittlerweile aufgegeben, denn allein machte es ihm keinen Spaß, und Beate dachte nicht daran, in Melanies Fußstapfen zu treten. Diese Schuhe sind mir zu groß, sagte sie, und Paul überhörte nicht den Sarkasmus in ihrer Stimme.

Beates Betriebsamkeit, die ihm anfangs so imponiert hatte, ging Paul inzwischen auf die Nerven. Pauls Weltläufigkeit, die ihn auf der Hotelterrasse, auf der sie sich kennengelernt hatten, so attraktiv gemacht hatte, war nur vorgetäuscht gewesen. Pauls Welt war klein. Beate wollte sie erweitern, aber er bockte. Wie ein Pferd scheute er vor dem Unbekannten. Das verwirrte sie. So wie er fälschlich gedacht hatte, er müsse sie vor einem einsamen Leben retten, hatte sie irrtümlich angenommen, er werde dankbar sein, wenn sie Abwechslung in seine Routine brachte. Tatsächlich hatte Paul jedoch kein Bedürfnis nach Abwechslung. Wäre er wild auf Neues gewesen, hätte sein Leben anders ausgesehen. Das einzig Neue in seinem Leben war Beate, und wäre es nach seinem Geschmack gegangen, hätte sie mittlerweile schon ein wenig Patina angesetzt.

Nicht, dass er aus ihr eine zweite Melanie machen wollte. Es gefiel ihm, dass sie anders war. Er ließ sogar offen, dass sie ihm vielleicht besser gefallen hätte als Melanie, wären sie einander viel früher über den Weg gelaufen. Einerseits. Andererseits sollte sie sich in die Lücke, die Melanie hinterlassen hatte, nahtlos einpassen. Er liebte Beate und er liebte sein gewohntes Leben – warum wollte sie sein gewohntes Leben über den Haufen werfen, genügte es ihr nicht, dass er sie liebte?

Du musst auf Melanie nicht eifersüchtig sein, sagte er beschwichtigend.

Aber Beate stieß sich weniger daran, dass sein gewohntes Leben, das er so sehr liebte, in allen Details an Melanie erinnerte, als vielmehr daran, dass es sie zunehmend langweilte. Na gut, die Allgegenwart von Melanies Geist ging ihr auch auf die Nerven, aber noch mehr störte sie Pauls Unternehmungsunlust.

Eines Tages wirst du es zu schätzen wissen, dass ich nicht auf Abenteuer aus bin, sondern dass es mir genügt, mit dir auf dem Sofa zu sitzen und deine Hand zu halten, sagte er gelegentlich, wenn sie wieder einmal stritten, weil er wieder einmal nicht ins Theater gehen mochte.

Ja, eines Tages vielleicht, entgegnete sie dann.

Und er sagte darauf: Halt mich fest. Wenn du mich vertreibst, bin ich eines Tages fort.

Sie waren nicht mehr jung. Bald würden sie noch älter sein. Es war angenehm, mit ihm auf dem Sofa zu sitzen und seine Hand zu halten. Aber doch nicht die ganze Zeit!

Sie fuhren ins Salzkammergut. Warum, um Gottes willen?, fragte sie, als er seine Sommerpläne zur Sprache brachte.

Was heißt um Gottes willen?

Im Salzkammergut gibt es kein Meer. Im Salzkammergut wird es nie richtig Sommer. Im Salzkammergut trägt man Dirndl. Darin sehe ich furchtbar aus.

Er lachte.

Ich mache keine Witze, sagte sie.

Er sagte, für ihn seien Sommer und das Salzkammergut praktisch gleichbedeutend. Seit vierzig Jahren. Wenn nicht länger. Die ganze Familie ...

Melanies Familie, warf Beate ein.

Ja, ihr Bruder Roland lebt dort. Wir haben uns immer alle bei ihm getroffen.

Was hast du dann in Dubrovnik gemacht?

(Sie waren einander in Dubrovnik begegnet.)

Das war eine Ausnahme.

Warum?

Ich wollte etwas Neues kennenlernen.

Na bitte ...

Ich habe dich kennengelernt. Das genügt mir.

Du bist in die Fremde aufgebrochen, hast mich erbeutet und jetzt soll ich mit dir in deiner Höhle bleiben?

Er lachte. So ähnlich.

Sie seufzte. Liegt dir so viel am Salzkammergut?

Ja, sagte er und schaute bittend.

Sie gab nach. Zehn Tage. Danach wäre immer noch genügend Zeit für einen Urlaub im Süden, behauptete Paul tröstend. Dein Wort in Gottes Ohr, sagte Beate.

Sie hatten Glück mit dem Wetter. Die Tage waren heiß, zumindest nach Salzkammergut-Maßstäben, die Nächte nicht allzu kühl. In den alten Holzplanken des Anlegestegs am See war die Sonne gespeichert, sie knisterten und knackten, wenn man darauf lag, und rochen nach Kindheitsferien. Der See umfing sie weich, sie schwamm weit hinaus, legte sich auf den Rücken und schaute in den Himmel.

Paul war besorgt, er riet ihr, in Ufernähe zu bleiben, und beschwor allerlei Gefahren, von plötzlich auftretenden Krämpfen in den Beinen bis zum Sonnenbrand, den man sich im Wasser unbemerkt hole. Beate lachte ihn aus. Auch Regina, seine Schwägerin, Rolands Frau, lachte. Der Paul ist halt ein Kümmerer, sagte sie liebevoll.

Regina war freundlich und herzlich. Beate hatte nicht bei ihr und Roland wohnen wollen, sondern hatte darauf bestanden, dass Paul sich mit ihr in einer kleinen Pension in der Nähe einmietete. Inzwischen bereute sie es fast, weil sie sich ohnehin die meiste Zeit bei Regina und Roland aufhielten. Das Haus war groß, man musste einander nicht auf die Zehen treten. Und anders als Freddy und Ursula gaben ihr Roland und Regina nicht das Gefühl, sie ständig an Melanie zu messen. Melanie war bei ihnen erstaunlich wenig präsent, und das war umso verblüffender, als sie das alte Ferienhaus bewohnten, in dem Roland, Freddy und Melanie als Kinder die Sommer verbracht hatten. Das Haus war eine für die Gegend typische Villa aus dem 19. Jahrhundert, mit Steinsockel, Veranda und hölzernen Balkonen. Beate gefiel, dass das Gebäude sorgfältig gepflegt, aber nicht neureich herausgeputzt war. Trotzdem musste es kostspielig sein, es in Schuss zu halten. Paul hatte ihr erzählt, dass nach dem Tod von Melanies Eltern weder er noch Freddy sich die damals notwendige Renovierung und die anschließende Erhaltung zugetraut hatten, deswegen hatte Roland, der Bestverdienende von allen, die Geschwister ausbezahlt.

Die Tage flossen gleichmäßig dahin. Sie schwammen, fuhren mit dem Ruderboot hinaus, und ein- oder zweimal ging Roland mit ihnen segeln. Er hätte ihnen das Segelboot auch geborgt, aber weder Paul noch Beate konnten damit umgehen. Beate wunderte sich ein wenig, dass Paul in all den Sommern am See das Segeln nicht erlernt hatte. Wozu?, antwortete er auf ihre Frage, es reicht doch, wenn es jemand anderen gibt, der es kann.

Paul war ein begeisterter Schwammerlsucher. Für diese Leidenschaft hatte Beate noch nie Verständnis aufgebracht. Sie mochte den Blick nicht auf den Boden richten, wenn sie durch den Wald ging. Lieber schaute sie in die Baumkronen, die im blauen Himmel tümpelten. Sie schlossen einen Kompromiss. Paul suchte nach Pilzen, sie begleitete ihn. Friedlich trabten sie nebeneinander her. Sie redeten wenig, sie dachte an wenig, woran Paul dachte, außer an Pilze, wußte sie nicht und wollte es auch nicht erfahren. Sie fühlte sich friedlich und entspannt, nie hätte sie gedacht, dass ihr diese stillen, ereignislosen Spaziergänge gefallen könnten.

Abends saßen sie mit Regina zusammen und mit Roland, wenn er Zeit hatte. Gelegentlich redeten sie über Politik, wenig tiefschürfend, wobei sich zu Beates Erleichterung herausstellte, dass Regina und Roland nicht so stockkonservativ waren wie Freddy und Ursula. Mit Paul verstand sie sich – und das war einer seiner wesentlichen Pluspunkte – in politischen Fragen meistens ganz gut. Paul hatte sich trotz seiner Anpassung an Melanies Familie so etwas wie eine gemäßigt linke Grundgesinnung bewahrt, allerdings widersprach er nicht oder nur sehr verhalten, wenn Freddy und Ursula das Abendland wieder einmal von Sozialschmarotzern bedroht sahen. Beate hatte anfangs heftig mit ihnen diskutiert, inzwischen wurden Reizthemen vermieden, wenn sie dabei war.

Paul stammte, wie er Beate erzählt hatte, aus bescheidenen Verhältnissen, er hatte eine karge Kindheit gehabt und neben seinem Studium als Hilfsarbeiter gejobbt. Beate begann zu verstehen, warum er sich so bereitwillig im Schoß von Melanies Familie niedergelassen hatte. Sie hatte ihm Behaglichkeit und Rückhalt geboten, im Kreis dieser gesellschaftlich fest verankerten, freundlichen, selbstsicheren Menschen hatte er sich ebenfalls sicher gefühlt. Wie er Freddy und Ursula jede Woche aushielt, war ihr zwar ein Rätsel, aber Roland und Regina in ihrem artgerechten Habitat übten auch auf sie eine gewisse Anziehung aus. Die Welt schien hier einfacher, überschaubarer und ein weniger gefährlicher Ort zu sein als anderswo.

Vor der Abreise hatten sie gestritten, weil Paul keine Lust gehabt hatte, Beate zu einem Abendessen bei Freunden zu begleiten, aber auch dagegen gewesen war, dass sie allein hinging. Er warf ihr vor, dass sie sich vor der Zweisamkeit mit ihm drücke, was sie vehement bestritt, obwohl sie den Verdacht hegte, dass er nicht unrecht hatte. Weil sie Paul jedoch heftig widersprochen hatte (schon allein, um ihn nicht zu kränken), musste sie zu ihren Worten stehen und den Abend mit ihm zu Hause verbringen.

Sogleich waren sie beim nächsten Reibungspunkt angelangt: Wo war zu Hause? Paul liebte seine gemütliche Wohnung, die Beate plüschig nannte, und fühlte sich unwohl in Beates Heim, in dem die klassische Moderne mit einem Hang zu Sammelwut und Schlamperei kollidierte. Auch hier gab es beiderseits falsche Erwartungen: Er dachte, sie würde glücklich sein in seinem behaglichen Nest, und sie hatte angenommen, das Plüschige sei Melanies Geschmack gewesen, den er nicht teile.

Mittlerweile wussten sie Bescheid übereinander und hielten sich mal bei ihm, mal bei ihr auf, aber nicht, ohne immer wieder zäh über das Ranking ihrer Wohnsitze zu verhandeln. Luxusprobleme, sagte Paul dazu, und damit hatte er recht, doch während er hoffnungsvoll davon ausging, dass sie sich einmal auf einen gemeinsamen Stil für eine gemeinsame Wohnung einigen würden, pries Beate unaufhörlich die Vorzüge getrennter Heime.

Am Abend vor ihrer Abreise blieben sie schließlich in Pauls Wohnung. Dafür kochte er, und Beate brauchte sich nur an den gedeckten Tisch zu setzen. Seine Kochkünste beschränkten sich auf drei, vier Gerichte. Diesmal machte er Spaghetti all'arrabiata. Beate verbot sich, an die Köstlichkeiten zu denken, die es bei ihren Freunden sicherlich gegeben hätte. Sie tranken einen samtigen Merlot dazu, Beate trank ihn zu rasch und zu viel davon. Paul unterhielt sie mit Anekdoten aus seiner Vergangenheit, manche waren durchaus komisch, früher hatte sie ein paarmal sehr darüber gelacht. Nun hielt sie der Merlot davon ab, ungeduldig zu sagen: Das kenne ich schon, denn darauf reagierte Paul, wie sie mittlerweile wusste, gekränkt, und es bewahrte sie auch nicht davor, dass er die Geschichte trotzdem zu Ende erzählte.

Er hat so wenig erlebt, dachte sie. Er müsste etwas erleben, dann hätte er mehr zu sagen. Flüchtig streifte sie die Vorstellung, wie Paul ihrer künftigen Nachfolgerin diesen Abend schilderte, an dem doch wirklich nichts darauf hingedeutet habe, dass Beate ihn undankbar verlassen würde. Sie nahm einen weiteren Schluck Merlot und sagte: Das Architekturzentrum bietet eine Vorlesungsreihe zur Stadtentwicklung an, ab Herbst, kommst du mit?

Paul ließ irritiert sein Weinglas sinken. Was meinst du damit?

Ob wir zusammen dort hingehen wollen.

Warum?

Stadtentwicklung interessiert mich.

Du möchtest noch einmal studieren?

Kein Studium. Vorlesungen. Vorträge, wenn du so willst.

Er schüttelte den Kopf. Wozu? Steht bestimmt alles im Internet.

Ich höre aber gern Vorträge. Und ich debattiere gern.

Debattiert wird auch?

Vermutlich.

Aha, du willst bloß schon wieder neue Leute kennenlernen.

Er lachte, als hätte er sie bei etwas Verbotenem ertappt. Dann beugte er sich vor und tätschelte ihre Hand.

Beate, Schatz, ich begreife nicht, worauf du hinauswillst. Du hast doch schon genug um die Ohren. Bist du stresssüchtig?

Er lachte erneut, sichtlich angetan, dass ihm diese Charakterisierung eingefallen war: stresssüchtig. Er wiederholte das Wort.

Schweigen.

Schließlich sagte er: Du willst also lieber in Vorlesungen gehen, als mit mir zusammensein?

Ich möchte doch mit dir zusammen hingehen.

Er schüttelte den Kopf. Reine Zeitverschwendung.

Dann lass uns Spanisch lernen, sagte sie, spontan, und wusste im selben Moment, dass sie einen Fehler gemacht hatte. Denn nun fühlte er sich bestätigt in seiner Auffassung, dass ihr angebliches Interesse an der Zukunft der Städte nicht mehr als eine Marotte war, eine Ausrede für sinnlosen Aktionismus, ein beliebiger Einfall, der jederzeit durch einen anderen, ebenso beliebigen ersetzt werden konnte.

Tatsächlich jedoch war ihr Vorschlag der verzweifelte Versuch, ihn nicht jeden Gedanken an ein gemeinsames Projekt vom Tisch wischen zu lassen, denn sie wünschte sich ein gemeinsames Vorhaben, das über Spaghetti essen, Rotwein trinken und einander die immer gleichen Erinnerungen erzählen hinausging.

Er stand auf und begann das Geschirr abzuräumen. Wie einem Kind strich er ihr nachsichtig über den Kopf. Ich fürchte, du hast ein bisschen zu viel vom Merlot erwischt, sagte er. Am Ende willst du mich noch zu einem Tangokurs überreden. Er lachte.

Jetzt, am See, in dieser trägen Schulferienstimmung, die einen endlosen Sommer verhieß, fragte sie sich auf einmal, ob er nicht recht hatte mit seiner Forderung, sie solle endlich zur Ruhe kommen. Bald würde sie ohnehin in Pension geschickt werden. Sie machte ihren Job gerne und gut, doch die Firma wollte sich verjüngen, was unter anderem hieß, dass sie die höheren Gehälter der älteren Arbeitskräfte einsparen wollte. Vielleicht konnte sie sich, überlegte Beate, noch ein, zwei Jahre halten, aber länger sicher nicht. Eher kürzer. Danach würde sie mit erheblich weniger Geld auskommen müssen, schon deswegen standen ihre früheren Fantasien, ihren Lebensabend betreffend, auf tönernen Füßen. Sie hatte sich immer als elegante, lebenslustige, die Welt bereisende und erforschende Person imaginiert. Inzwischen sollte sie sich wohl eingestehen, dass Waldspaziergänge in leicht erreichbarem Umland angemessener für sie waren. Eine Firmenpension hatte sie nicht zu erwarten, ihre Ersparnisse taugten gerade einmal zum Notgroschen und mit ihrer staatlichen Altersrente würde sie genau kalkulieren müssen. Paul spielte in ihren finanziellen Überlegungen keine Rolle, nicht nur konnte er sich ebenfalls keine großen Sprünge leisten, sie hätte auch nicht auf ihn angewiesen sein wollen. Abgesehen davon wäre ein reicherer Paul gleichfalls mit Schwammerlsuchen als Freizeitvertreib vollauf zufrieden gewesen.

Er konnte ihr, dachte sie jetzt, beibringen, sich zu bescheiden. Vielleicht würde es ihr gelingen, ihre Erlebnissehnsucht abzulegen. Es passierte nichts, wenn nichts passierte. Das konnte sie von Paul lernen. Vielleicht würde es ihr guttun.

Roland erzählte von einer Geschäftsreise nach Polen. Paul sagte: Ihr könnt euch nicht vorstellen, wie froh ich bin, dass ich das alles hinter mir habe.

Was?, fragte Regina.

Dienstreisen. Büro. Seminare.

Er rekelte sich behaglich in seinem Fauteuil.

Paul war vor seiner Pensionierung Steuerberater gewesen, angestellt in einer Kanzlei. Beate hatte sich gewundert, dass einer, der für den Wohlfahrtsstaat plädierte, einen Beruf gewählt hatte, in dem es um Steuervermeidung ging, aber, hatte sie sich gesagt, mit irgendetwas musste man ja Geld verdienen, und schließlich war es legal und legitim, nicht mehr Steuern zu zahlen, als vorgeschrieben war.

Ich verstehe noch immer nicht, sagte Roland, dass du damals nicht als Partner eingestiegen bist. Sie haben es dir doch angeboten.

Paul lachte. Ich weiß, dass du's nicht verstehst.

Was war der Grund?, fragte Beate. Sie erwartete so etwas wie ein Bekenntnis zu ideologischen Bedenken, die ihn gehindert hätten, in die Unternehmerrolle zu schlüpfen.

Paul zuckte mit den Achseln. Ich hatte keine Lust.

Roland schüttelte den Kopf. Du hast eine echte Chance ausgelassen. Der Laden hat eine Menge Geld abgeworfen.

Geld ist doch nicht alles, warf Regina ein. Sie lächelte Paul verschwörerisch zu.

Daran werde ich dich bei Gelegenheit erinnern, Liebling, sagte Roland süffisant zu ihr. Und an Paul gewandt: Ich an deiner Stelle wäre lieber mein eigener Chef gewesen. Hast du es nie bereut?

Paul sah ihn nachsichtig an. Du kennst doch die Antwort: Nein. Und weißt du was? Deine Schwester war mir dankbar. Ich hätte sonst viel weniger Zeit für sie gehabt.

Der Paul ist halt ein Lieber, sagte Regina und legte ihre Hand auf Pauls Hand.

Roland gab Beate eine Unterrichtsstunde im Segeln. Sie stelle sich geschickt an, lobte Roland, während sie sich angestrengt bemühte, die richtigen Leinen in die richtige Richtung zu ziehen. Als sie schließlich bei einem Gasthof mit Seeterrasse anlegten, um Forellen fürs Abendessen mitzunehmen, die der Wirt für sie bereithielt, sagte Roland: Ich finde, wir haben uns jetzt einen Schluck verdient.

Sie setzten sich in den Schatten eines Sonnenschirms. Kleine Wellen klatschten unter ihren Füßen gegen die Pfeiler, die die Terrasse trugen. Drüben am Horizont reckten sich die Berge in den Himmel, Schäfchenwolken trieben darüber. Weißt du, sagte Roland und griff nach seinem Weinglas, ich gratuliere mir immer wieder dafür, dass ich hier leben darf.

Kann ich verstehen, sagte Beate. *Kann ich verstehen* war neutral und erforderte kein Bekenntnis zu persönlichen Vorlieben. Sie hatte sich stets als Stadtmensch gesehen. Aber vielleicht würde sie es länger hier aushalten, als sie gedacht hatte.

Ein Hund drängte sich zwischen den Tischen hindurch und lief auf sie zu, er wedelte vor freudiger Erregung mit dem ganzen Hinterteil, bis er Roland erreichte und ihm stürmisch gegen die Knie sprang. Roland wehrte ihn lachend ab, der Hund warf sich vor Beate auf den Rücken. Sie beugte sich vor und kraulte seinen Bauch.

Meine ganze Kindheit lang habe ich mir einen Hund gewünscht, sagte sie. Und auch später noch ... Aber irgendwie ist es nie gegangen.

Da hast du was mit Paul gemeinsam, sagte Roland. Der wollte auch immer einen Hund. Geradezu gebettelt hat er darum. Aber meine Schwester hat ihm keinen erlaubt.

Er lachte spöttisch. Beate schaute ihn an, erstaunt ob seiner Wortwahl. Gebettelt?

Roland lachte wieder. Ja, meine Schwester war sehr streng mit dem armen Paul.

Beate richtete sich auf. Ich wundere mich über deine Ausdrucksweise, sagte sie.

Roland hob entschuldigend die Hände. Tut mir leid. War nicht böse gemeint.

Sondern?

Er zuckte mit den Achseln. Ach, weißt du ... Meine Schwester war daran gewöhnt, dass alles nach ihrem Kopf ging. Alle haben ihr nachgegeben. Die Eltern. Mein Bruder. Paul. Der ganz besonders.

Und du findest, er hätte ... mehr auf den Tisch hauen sollen?

Roland hob erneut die Hände, als gelte es, einen Streit abzuwehren. Ich finde gar nichts. Du kennst ihn doch.

Er stand auf. Mit munterer Stimme fragte er: Wollen wir zurücksegeln? Regina wartet sicher schon auf die Forellen.

Sie war nicht mehr jung. Bald würde sie noch älter sein. Die wilden Jahre waren vorbei. Paul liebte sie. Paul war loyal. Er hatte es verdient, dass sie gut zu ihm war. Paul verdiente es, beschützt zu werden, zum Beispiel vor Rolands Spott. Und vor Reginas gutmütiger Herablassung. Und vor ihren eigenen unreifen Klischeevorstellungen, denen zufolge ein ganzer Kerl seine Frau nicht um etwas anbettelte, schon gar nicht vergeblich.

Auf der Rückfahrt nach Hause, im Auto, fragte Beate Paul: Was hältst du von einem Hund?

Ich verstehe die Frage nicht, sagte Paul.

Wir könnten uns einen Hund anschaffen.

Paul lachte. Oder einen Papagei.

Nein, ich meine es ernst.

Paul schüttelte den Kopf. Keine Haustiere.

Warum?

Er seufzte. Machen Dreck. Müssen Gassi geführt werden. Hindern einen am Reisen.

Du reist doch sowieso nicht. Du fährst ins Salzkammergut. Da kann der Hund mitkommen.

Er seufzte wieder. Was ist los? Was soll diese plötzliche Hundeliebe?

Roland sagt, du hast dir immer einen Hund gewünscht.

Kann sein. Früher einmal. Aber wir sind zu dem Schluss gekommen, dass das Unsinn ist.

Wer ist wir?

Melanie und ich.

Pause.

Aber ich bin nicht Melanie.

Das weiß ich.

Und ich mag Hunde.

Schweigen. Paul überholte einen Lastwagen.

Kriege ich keine Antwort?

Worauf?

Hund. Du. Ich. Mein Gott, ich hab mich doch deutlich ausgedrückt.

Ich mich auch. Die Antwort ist Nein.

Weil es Melanie verboten hat?

Weil sie zu Recht dagegen war.

Beate sagte nichts mehr. Paul fuhr konzentriert, es regnete. Beate drehte das Radio an. Plötzlich fühlte sie sich wie von einer Last befreit. Sie war nicht mehr jung, aber noch war es nicht zu spät. Sie hatte es versucht. Ihr war kein Vorwurf zu machen. Daran würde sie denken, falls sie einmal so etwas wie ein schlechtes Gewissen überkommen sollte. Dass sie ihren Entschluss einmal bereuen würde, glaubte sie nicht.

Aus dem Radio erklang ein Song, den sie schon lange nicht mehr gehört hatte. Take a Walk on the Wild Side. Beate summte mit.

Die bessere Gefährtin

—

Carola wäscht Thomas die Haare und massiert ihm dabei sanft die Kopfhaut. Thomas stöhnt wohlig. Was für ein Genuss, seufzt er. Wäre ich ein Kater, würde ich schnurren. Früher hat er hinzugefügt: Nie hat mir Susanne den Kopf massiert. In zwanzig Jahren Ehe – kein einziges Mal.

Inzwischen wissen sie beide, dass Susanne Thomas' Kopfhaut sträflich vernachlässigt hat und Carola ein wohltuendes Kontrastprogramm zu ihr ist.

Darauf kommt es an. Deswegen schweigt Carola zu Thomas' Klagen über Susanne und ihre Schuld am Zerbrechen der Ehe. Obwohl sie schon immer, wenn er seufzte, dass ihm Susanne nie den Kopf gewaschen habe, bei sich dachte: kein Wunder, mit zwei kleinen Kindern, einem Vollzeitjob und einem Pascha von Ehemann. Doch sie sagte nichts. Wozu sich für Susannes Ehrenrettung das eigene Renommee verpatzen? Thomas soll ruhig bei der Meinung bleiben, dass Carola die bessere Gefährtin für ihn ist und zustande bringt, woran Susanne kläglich scheiterte. Oder scheitern wollte. Genau das wirft Thomas ihr nämlich vor: Dass sie sich gar keine Mühe gegeben habe, zärtlich zu ihm zu sein. Fürsorglich. Was Frauen halt so sind, wenn sie einen Mann lieben.

Carola hatte auch einmal zwei kleine Kinder (das ist schon länger her, denn sie war früh Mutter geworden), einen Vollzeitjob und einen Ehemann, der es ihr vertrauensvoll überließ, Beruf und Familienpflichten unter einen Hut zu bringen. Sie kennt sich aus. Sie weiß, dass sie ein paar Jahre früher ebenfalls keine Zeit aufgebracht hätte für Thomas' Haar- und Kopfhautpflege. Doch sie behält ihr Wissen für sich. Es ist angenehm, gelobt zu werden und zur Abwechslung einmal in der Sonne zu stehen.

Im Grunde ist alles ein bisschen lächerlich. Carolas Ex-Mann beklagt sich mittlerweile wahrscheinlich bei seinen jugendlichen Freundinnen darüber, dass Carola ihm nie die Aufmerksamkeit geschenkt hat, die ihm seiner Meinung nach gebührt hätte, und vielleicht findet ja Susanne früher oder später auch einen, der sie als liebevollen Gegensatz zur angeblich kaltherzigen Partnerin seiner vergangenen Ehejahre sieht. Vermutlich eher später. Susannes Kinder sind noch nicht alt genug, um ihrer Mutter genügend Zeit für die Pflege einer harmonischen Zweisamkeit zu lassen. Die Zweierbeziehung will gehegt werden wie ein empfindliches Pflänzchen, so viel ist Carola mittlerweile klar geworden.

Gerne würde sie einen weniger nüchternen Blick auf die Verhältnisse werfen. Sie sehnt sich nach Romantik. Es wäre ihr lieber, sie könnte den unter ihren massierenden Fingern schnurrenden Thomas romantisch verklärt sehen und nicht in dem Bewusstsein, dass sie sich sein erotisches Begehren mit fürsorglichen Dienstleistungen erkauft. Susanne hatte er schon lange nicht mehr richtig begehrt, sagt Thomas. Carola hingegen greift er an den Hintern und zieht sie unter die Dusche, und während sie in seinen nassen Haaren wühlt, streift er ihr die Kleidung vom Leib. Carola gibt sich seiner stürmischen Attacke hin, auch sie wird von Erregung mitgerissen, aber hinterher fragt sie sich, ob die Rolle der mütterlichen Geliebten, in die Thomas sie drängt, nicht einen Hauch von Perversion hat.

Carola kocht. Susanne hat auch gekocht, aber ungern und schlecht. Sagt Thomas. Carola macht grünen Salat mit Avocadostückchen, kleine Lammkoteletts, die sie in Minze und Zitronensaft mariniert, und Rosmarinkartoffeln. Als Dessert gibt es eine Erdbeertarte, die sie fertig gekauft hat. Sie deckt den Tisch, wie es sich gehört, wenngleich sie fürchtet, dass Thomas' Kinder, die sich für heute angesagt haben (von ihrem Vater angesagt wurden, genau genommen), das Tischtuch anpatzen und ihre sorgfältig arrangierten Tischdekorationen achtlos beiseiteschieben werden. Thomas' Kinder sind vierzehn und sechzehn, sie könnten sich schon besser benehmen, tun es aber nicht. Carola hat sich damit abgefunden, erstens, weil sie glücklicherweise nicht allzu oft mit ihnen konfrontiert ist (umgekehrt hält sich Thomas auch von Carolas Kindern meistens fern), und zweitens, weil David und Lea ja nicht in böser Absicht handeln, wenn sie das Tischtuch vollkleckern oder die Kerzenständer ungeduldig umstellen, um besser an die Schüsseln zu kommen. Carola fühlt sich von den beiden im Großen und Ganzen wohlgelitten. Sie würden Carola zwar bestimmt nicht vermissen, wenn sie ihnen abhanden käme, aber solange es sie im Leben ihres Vaters gibt, begegnen sie ihr freundlich und unvoreingenommen. Mehr kann man nicht verlangen. Nur kinderlose Geliebte wollen unbedingt die Herzen ihrer Stiefkinder erobern und sehen sich schon größenwahnsinnig als die beliebtere Mutter. Carola ist selber Mutter und hätte sich schön bedankt, wenn sich eine Freundin ihres Ex-Mannes an ihre Kinder herangemacht hätte. Freundschaftliche Kooperation also. Passt.

Lea säbelt zögernd kleine Bissen von ihrem Lammkotelett und kaut endlos darauf herum. Iss doch, sagt Thomas aufmunternd, Carola ist eine super Köchin, nütz das aus.

Lea mag kein Lamm, sagt David.

Seit wann?, fragt Thomas.

Seit immer, antwortet Lea. Und David fügt hinzu, an den Vater gewandt: Du hast doch auch nie Lamm gegessen.

Da irrt ihr euch, behauptet Thomas.

Lea verdreht bloß leicht die Augen, aber David sagt: Du musst uns nicht als Lügner hinstellen, nur weil du dich bei Carola einschleimen willst. Mama durfte nie Lamm machen.

David, mäßige dich im Ton!, sagt Thomas scharf.

Carola weiß, dass sie besänftigend eingreifen sollte, aber es fällt ihr keine passende Bemerkung ein. Außerdem findet sie selber, dass David frech ist. Und gleichzeitig weiß sie, dass sie auf Davids Seite wäre, wenn David ihr Sohn wäre.

David schiebt seinen Teller von sich und steht auf. Entschuldige, sagt er zu Carola, und zu Thomas: Darf ich bitte gehen? Ich hab noch was vor.

Das ist nicht dein Ernst, erwidert Thomas.

Doch, sagt David. Er wendet sich erneut zu Carola: Danke fürs Essen! Dann stapft er aus dem Raum und kurz darauf hören sie, wie die Eingangstür ins Schloss fällt.

David!, ruft ihm Thomas streng hinterher. Keine Antwort. Spinner, sagt Thomas achselzuckend, zu Carolas Erleichterung, weil die unschöne Szene damit bagatellisiert ist.

Lea sitzt verkrampft am Tisch und schaut ausdruckslos vor sich hin. Vermutlich würde sie David gern hinterherlaufen.

Carola nimmt Leas Teller an sich und sagt: Tut mir leid, ich wusste nicht, dass du Lamm nicht magst. Möchtest du ein Stück Erdbeertarte?

Selber gemacht, fügt Thomas hinzu, es klingt, als sei er stolz darauf, dass er mit einer Freundin aufwarten kann, die eine selbstgemachte Tarte anbietet.

Nein, selbst gekauft, korrigiert Carola und zwingt sich zu einem Lachen.

Ehrlich? Jetzt enttäuschst du mich aber!, sagt Thomas, gleichfalls lachend. Sie würden glatt das Bild einer fröhlichen Familie bieten, wäre da nicht Leas von keinem Lächeln erhellte Miene.

Carola bringt die Tarte. Während Thomas und sie weiterhin Lamm essen, stochert Lea in den Erdbeeren herum. Du bist doch nicht am Ende allergisch auf Erdbeeren?, fragt Carola.

Lea schüttelt hastig den Kopf. Nein, nein, beteuert sie und schiebt sich ein Stück Tarte in den Mund. Schmeckt sehr gut, sagt sie dann artig.

Hast du gut gekauft, erklärt Thomas gönnerhaft und lacht wieder.

Ich koche gern, sagt Carola, aber Backen ist wirklich nicht meins.

Niemand backt gern, behauptet Thomas.

Doch, sagt Lea, Mama.

Das kommt einigermaßen überraschend. Wirklich?, fragt Carola mit geheuchelter Bewunderung (sie hört selber, wie falsch sie klingt), da hat sie aber meinen Respekt.

Dann fügt sie hinzu: Backen ist etwas für, äh ... genaue Menschen. Ich halte mich nicht so gern an Rezepte. Ich koche lieber kreativ. (War das jetzt nötig? Sie ärgert sich über diesen letzten Satz, aber sie weiß auch, warum sie ihn gesagt hat: weil sie nämlich ihre Küchen-Lorbeeren nicht mit Susanne teilen mag. Nach Thomas' Aussage hat Susanne im Kulinarischen versagt, dabei soll es bleiben.)

Stimmt das, dass du Lamm nicht magst?, fragt sie Thomas, als Lea gegangen ist.

Ich mag Lamm, wenn du es gekocht hast, antwortet Thomas galant. (Er sagt gekocht, weil er nicht unterscheidet, ob Fleisch gesotten, gebraten oder gedünstet wurde.)

Carola würde sich gerne freuen, dass sie sich wieder einmal vorteilhaft von Susanne abhebt, aber Leas Behauptung, ihre Mutter backe gerne, irritiert sie. Sie passt nicht zu Thomas' Schilderung, derzufolge Susanne der Familie ausschließlich lieblos zusammengepanschten Fraß auf den Tisch geknallt hat.

Carola ist gern zu zweit. Längere Zeit war sie es nicht. Als sie von ihrem Ehemann geschieden wurde, dachte sie zuversichtlich, dass sie sich nun einen Kerl suchen würde, der besser zu ihr passt. Ihr Ehemann und sie hatten herausgefunden, dass sie allzu unterschiedliche Erwartungen an das Leben stellten, weshalb es vernünftiger wäre, wenn sie getrennte Wege gingen.

Es zeigte sich, dass die kontaktbereiten Männer, die sie nach ihrer Scheidung traf, weniger Carolas Anforderungen an einen potenziellen Partner erfüllen als vielmehr eine Frau finden wollten, die endlich ihren eigenen Wunschvorstellungen entsprach. Auch die Männer hatten quasi eine Liste im Kopf, auf der die Qualifikationsmerkmale der Frauen vermerkt waren, mit denen sie sich einlassen wollten. Und da taten sich große Unterschiede auf, im Grunde klafften die Zielvorgaben von Carola und den jeweiligen Männern weiter auseinander als seinerzeit ihre Wünsche und die ihres Ehemannes.

Inzwischen hat Carola gelernt, sich zu bescheiden. Thomas ist nicht der Märchenprinz, den sie erträumt hat, aber sie mag ihn, geht gern mit ihm ins Bett und findet das Leben mit ihm angenehmer als ein Leben allein. Deshalb ist sie fürsorglich zu ihm. Zärtlich. Was Frauen halt so sind, wenn sie einen Mann lieben. Oder wie Frauen nach Thomas' Dafürhalten halt so sind, wenn sie einen Mann lieben. Manchmal denkt Carola daran, wie es in grauer Vorzeit war, wenn sie sich verliebte, und sie fragt sich, wie es um ihre Chancen bestellt ist, sich noch einmal kopflos, blindlings in eine Affäre zu stürzen, ohne Luft zu holen. Und ohne dass sie das Gefühl überkäme, drei Schritte neben sich zu stehen und sich zu beobachten, wie sie Thomas den Kopf massiert.

Susanne hat sich immer von Thomas chauffieren lassen, wenn sie beide nach einer Einladung wieder heimgefahren sind. Deshalb war er gezwungen, nach ein, zwei Gläsern Wein nur noch Mineralwasser zu trinken, damit er fahrtauglich blieb. Gelegentlich nahmen sie ein Taxi, aber er und Susanne wohnten weit draußen im Grünen, und auch einige der Leute, bei denen sie eingeladen waren (Carola hat die meisten inzwischen kennengelernt), haben Häuser in Entfernungen, die das Taxifahren zu einem teuren Spaß machen.

Nicht dass sich Thomas hätte betrinken wollen, aber ganz leicht fiel ihm der Verzicht auf mehr als zwei Gläser Alkohol nicht, denn die Weine, die seine Freunde ausschenken, sind fast immer von hervorragender Qualität. Und obwohl Susanne die edlen Schnäpse, die nach dem Essen angeboten wurden, ohnehin ablehnte, bestand sie darauf, sich auf der Heimfahrt in den Beifahrersitz fallen zu lassen, mit der Begründung, sie sei zu müde zum Fahren. So hat es Thomas Carola erzählt.

Darum, damit Thomas in den Genuss der Weinbegleitung und der Grappaverkostungen kommt, fährt jetzt meistens Carola.

Sie sind auf dem Heimweg, Thomas neben ihr ist in Schlaf gefallen und schnarcht. Die meiste Zeit hört sich sein Schnarchen nach monotonem Rasseln an, aber dann und wann bricht es ab, und er schnappt geräuschvoll nach Luft, als wäre er kurz vorm Ersticken. Carola weiß, dass er nicht in Gefahr ist, trotzdem empfindet sie diese überfallsartigen Fortissimi als beängstigend. Sie weckt ihn jedoch nicht auf, weil er ihr, wenn er nicht sowieso gleich weiterschläft (und weiterschnarcht), lallend auf die Knie und zwischen die Beine greifen würde, worauf sie schon gar keine Lust hat.

Genauer: worauf sie jetzt, im Auto, wenn er betrunken und sie nüchtern ist, keine Lust hat. Sonst hat sie schon Lust auf Thomas.

Sie hängen Bilder auf. Carola hat in Thomas' Keller ein paar Aquarelle entdeckt, die er nach der Scheidung mitgenommen hat, weil Susanne sie nicht leiden konnte. Sie findet es schade, dass die Bilder im Keller vor sich hin gammeln, deswegen sollen sie jetzt an die Wände von Thomas' Wohnzimmer.

Wie du möchtest, sagt Thomas.

Wie du möchtest bedeutet, so stellt sich heraus, dass er Carola im Alleingang schalten und walten lässt. Er lungert auf dem Sofa herum, blättert in Zeitungen und kann bloß angeben, wo die Bilder auf keinen Fall hängen sollen.

Unverdrossen trägt Susanne Leiter und Bilder durchs Zimmer. Thomas schaut ihr zu, wie sie mit der Wasserwaage hantiert, und sagt, es klingt fast vorwurfsvoll: Du bist so selbständig. Ich glaube, du brauchst mich gar nicht.

Seit wann magst du hilflose Frauen?, fragt Carola irritiert.

Thomas grinst. Ach, so ein bisschen Hilflosigkeit kann schon sexy sein.

Er duckt sich weg, weil sie die Plastikbox mit den Dübeln und den Schrauben nach ihm wirft.

Du hättest mich verletzen können, sagt Thomas, nachdem sie die Dübel wieder eingesammelt haben und friedlich nebeneinander auf dem Sofa sitzen. Er streicht ihr die Haare aus dem Gesicht. Böses Mädchen, sagt er zärtlich. Und fügt hinzu: Zum Glück mag ich temperamentvolle Frauen.

War Susanne temperamentvoll?, hört sich Carola fragen.

Thomas lacht. Und ob!, sagt er. Mein lieber Schwan. Einmal hat sie vor Wut einen Vorhang heruntergerissen, da ging die Vorhangstange gleich mit.

Warum?, fragt Carola entgeistert.

Thomas lacht wieder. Wir wollten ausgehen und ich habe ihr Kleid kritisiert.

Sie hat geschrien: Ist das besser?, und hat sich den Vorhang gekrallt. Sie wollte ihn um sich drapieren. Dabei ist die Halterung heruntergekracht.

Carola sieht die Szene vor sich und findet sie abstoßend. Sie hält nichts von Frauen, die ausrasten, sobald man ihre Kleider kritisiert. Merkwürdigerweise hört sich Thomas an, als habe ihm der hysterische Auftritt imponiert.

Ich glaube, das hatte sie aus irgendsoeinem Schmöker, fügt Thomas hinzu.

Was?

Na, dass man einen Vorhang herunterreißt, um sich ein Abendkleid daraus zu machen. Glaub ich.

Vom Winde verweht, sagt Carola automatisch. Hätte sie bloß nie gefragt.

Aber herunterreißen ist falsch, fügt sie hinzu. Scarlett O'Hara hat den Vorhang abnehmen lassen. Die hatte Personal. Nein, Sklavinnen.

Scarlett – wer?, fragt Thomas.

Die Protagonistin.

Thomas schaut verständnislos.

Des Romans. *Vom Winde verweht*. Das ist der Romantitel. Und die Protagonistin heißt Scarlett O'Hara. Und sie ist eine totale Egomanin.

Thomas lacht. Ihr Mädels mit euren Liebesromanen. Da kenn ich mich nicht aus.

Carola sagt nichts mehr. Bei sich denkt sie, dass es nicht für Susanne spricht, Scarlett O'Hara als Role Model zu sehen.

Seit Kurzem redet Thomas immer wieder einmal von Jana, seiner Freundin vor Susanne. Und während seine Geschichten über Susanne von deren Lieblosigkeit handeln und von ihren mangelnden Bemühungen um ihn, gibt Jana anscheinend nur zu gerührten Erinnerungen Anlass.

Carola ist ein bisschen verunsichert, weil sie nicht weiß, warum Jana auf einmal ins Spiel kommt. Sind die Loblieder auf sie ein Appell? Ein Alarmzeichen?

Bis jetzt war es Carola, die Thomas neuen Schwung gegeben hat und ihn die freudlosen Jahre seiner Ehe verschmerzen ließ. Beschwört er neuerdings Jana, weil ihm Carolas Liebesbeweise nicht mehr genügen? Was macht sie falsch? Was will er ihr sagen?

Jana war wunderschön, erzählt Thomas, alle Männer haben sich nach ihr umgedreht, aber sie war sich nicht zu gut dafür, seine Hemden zu bügeln und seine Unterwäsche ordentlich zusammenzulegen, bevor sie sie in den Schrank schlichtete. Jana war nämlich eine penible Hausfrau, das hätte man nicht vermutet bei einer wie ihr. Penibel, aber nicht lästig. Soll heißen, die Ansprüche, die sie an einen gepflegten Haushalt stellte, erfüllte sie selber, nie hätte sie Thomas damit genervt. Jana wusste, dass es sinnlos war, einen fröhlichen Chaoten wie ihn dazu bringen zu wollen, Geschirr auf immer denselben Platz zurückzustellen.

Und Jana hat auch für ihn gekocht, Garnelen im Teigmantel, obwohl sie sich selber aus Garnelen gar nichts machte.

Du hättest dich gut mit ihr verstanden, fügt Thomas hinzu, ehe Carola fragen kann, was sie gerne gefragt hätte, nämlich, ob die Garnelen ein einmaliger Liebesbeweis gewesen waren oder ein wiederholter und ob Jana noch andere Gerichte draufhatte. Und natürlich sagt sie nicht, ich habe uns doch auch schon Garnelen gemacht, das hätte sie auf keinen Fall gesagt, aber nun, da Thomas sie quasi in eine Reihe stellt mit der phänomenalen Jana, ist dieser Hinweis erst recht überflüssig.

In eine Reihe. Offenbar ist Carola gar nicht der Hauptgewinn, das einzige tolle Kontrastprogramm zu Susanne, sie muss sich diesen Rang mit Jana teilen und wer weiß mit wie vielen noch.

Wenn Jana so großartig war, warum hat Thomas sie dann verlassen?

Ja, warum? Gute Frage. Thomas antwortet nicht gleich.

Mein Gott, sagt er dann unwirsch, am Ende weiß man doch nie, wer wen warum verlassen hat.

Wer wen? Bisher dachte Carola, das sei eindeutig. Sie fragt nicht weiter. Eigentlich möchte sie es so genau gar nicht erfahren.

Carola hat das Wochenende bei Thomas verbracht, er ist schon aus dem Haus, sie macht sich gerade zum Fortgehen fertig. Überall liegen seine Sachen verstreut. Sie blickt um sich. Dann

50

bückt sie sich und sammelt ein paar seiner zerknitterten Hemden ein, um sie zum Schmutzwäschekorb im Badezimmer zu tragen. Mittendrin bleibt sie stehen. Langsam, wie von selbst, öffnet sich ihre Hand, und die Hemden segeln zu Boden. Es gibt Latten, die liegen einfach zu hoch, denkt sie, als sie die Wohnung verlässt.

Jana habe gewusst, was sie an ihm hat, sagt Thomas. Deshalb habe sie sich bemüht, ihn zu halten. Im Gegensatz zu Susanne. Der tue es inzwischen zwar leid, dass sie ihn verloren hat, aber zu spät ist zu spät.

Und zwar was?, fragt Carola.

Wie – *was?*

Was Jana an dir gehabt hat.

Thomas lacht. Das weißt du doch.

Ja, ich weiß, was ich an dir habe, sagt Carola, aber was hat Jana an dir gehabt?

Was du auch hast, sagt Thomas irritiert. Muss ich dir das aufzählen? Dass ich kein Macho bin zum Beispiel.

Bist du nicht?

Na hör mal! Ich nehme mich enorm zurück. Ich vertraue dir mein Auto an. Ich habe kein Problem damit, dass du unsere Urlaubsplanung an dich reißt. Ich lasse dich den Wein aussuchen, wenn wir essen gehen. Ich kann zuhören.

Ach ja, sagt Carola. Nach einer kleinen Pause fragt sie: Und Susanne tut es leid?

Da kannst du Gift drauf nehmen.

Hat sie das zu dir gesagt?

Da muss sie nicht viel sagen. Ich wette, sie bereut es jeden Abend, an dem sie allein zu Hause sitzt.

Woher weißt du, dass sie allein ist?

Thomas beugt sich vor. Er nimmt ihre Hände. Carolamaus, sagt er und lächelt sie zärtlich an, du hast großes Glück, dass du mich an Land gezogen hast, das ist dir schon klar, oder? Frauen in deinem Alter, da stellen sich die Männer nicht gerade in Schlangen an. Wir haben es besser. Wir haben immer die große Auswahl, von sechzehn bis sechzig. Ich meine, zwischen Frauen von sechzehn bis sechzig. Nicht, dass ich wild auf Teenager wäre.

Aber du meinst, Teenager sind wild auf dich?

Wenn ich es darauf anlege, sagt er und grinst verwegen. Oder so, wie er sich vermutlich vorstellt, dass ein verwegenes Grinsen aussieht.

Carola sagt nichts. Thomas lehnt sich zurück. Denk an deine Single-Freundinnen, sagt er. Glaubst du nicht, die würden weiß Gott was drum geben, wenn sie nicht allein zu Hause herumsitzen müssten?

Die sitzen gar nicht zu Hause herum, sagt Carola.

Na, dann sind sie halt solo unterwegs.

Nein, beharrt Carola, die kennen genug Leute ...

Ich meine ohne Mann!, ruft Thomas ungeduldig.

Ohne Mann ist man solo?

Er schüttelt den Kopf. Suchst du Zoff? So kenne ich dich gar nicht.

Wenn Carola ehrlich ist, dann kennt sie sich so auch nicht.

Sie ist nett. Sagen die Kinder. Sie ist nett und ganz hübsch. Aber nicht wunderschön.

Susanne belädt ein Tablett mit Käse, Oliven und Crackers. Johanna öffnet den Wein. Sie fragt: Er behauptet, dass sie wunderschön ist?

Ja, klar.

Wie immer, sagt Johanna und lacht.

Auf dich trifft es zu, behauptet Susanne.

Johanna lacht wieder. Schon gut. Wir sind alle wunderschön.

Ach, weißt du, eigentlich ist es mir scheißegal, was er über mich erzählt, antwortet Susanne.

Sie tragen das Tablett und die Weinflasche samt Kühler und Gläsern ins Wohnzimmer. Aus den Zimmern der Kinder wummert Musik, die Klänge mischen sich kakophonisch.

Kopfhörer!, brüllt Susanne durch die Wohnung. Kein Effekt. Sie stapft durch den Raum, über den kleinen Gang und schlägt mit den Fäusten erst gegen die eine, dann gegen die andere Kinderzimmertür. Kopfhörer!

Das misstönende Wummern verstummt nacheinander.

Susanne kehrt zurück und lässt sich ächzend in eins der Sofas fallen.

Wie oft sind die Kinder denn bei ihm?, fragt Johanna, im Schneidersitz auf dem anderen Sofa. Sie hat in der Zwischenzeit Wein eingeschenkt.

Viel zu selten, erwidert Susanne. Sie lachen beide. Dann fügt Susanne hinzu: Es läuft nicht gut zwischen ihm und David.

Das ist nicht neu.

Eh nicht, sagt Susanne. Als Vater war und ist er einfach optimierungsbedürftig.

Sie seufzt. Ihr erzählt er wahrscheinlich, was für ein toller Papi er war, bevor ich ihn vergrault habe.

Wenn sie ihn mit den Kindern erlebt, merkt sie doch, was los ist. Sie hat doch Augen im Kopf.

Bist du sicher?, fragt Susanne.

Sie kichern. Dann sagt Johanna: Fesch ist er ja. Sonst wären wir nicht auf ihn hereingefallen. Obwohl – ich hab ihn lange nicht gesehen.

Susanne sagt: Na ja, Sixpack war einmal. Aber er schaut ganz passabel aus, immer noch.

Andererseits hast du natürlich recht, fährt Johanna fort, vermutlich hat sie wirklich keine Augen im Kopf. Noch nicht. Das dauert halt. Hat er dir jetzt endlich den Unterhalt für die Kinder überwiesen?

Er ist drei Monate im Rückstand. Aber immerhin, er zahlt was.

Na, wie rührend.

Ach, weißt du, ich hab keine Lust, mich ständig aufzuregen. Solange ich über die Runden komme, ist es okay. Besser als dauernd ein quengelndes Riesenbaby am Hals zu haben.

Ja, das stimmt.

Ehrlich, ich bin erleichtert. Mittlerweile. Und nicht, dass ich jetzt mehr Arbeit hätte, wo ich allein bin. Glaubst du, er hat in all den Jahren *einmal* einen Handwerker organisiert, wenn wir einen gebraucht haben? Glaubst du, er hat auch nur *einmal* eine Glühbirne gewechselt, als es noch Glühbirnen zum Wechseln gab? Und immer musste ich Auto fahren. So gern hätt ich mich einmal besoffen und danach einfach in diese verdammte Karre fallen lassen. Auf den Beifahrersitz.

Ich weiß, sagt Johanna zustimmend. Ich sage mir immer: Wenn ich alles allein machen muss, dann kann ich gleich allein leben.

Immer mal wieder allein leben, meinst du.

Na ja, ich mache mich nicht mehr zum Narren. Vielleicht läuft mir noch einmal einer über den Weg, mit dem es länger klappt. Aber bis dahin ...

Was ist mit deinem jugendlichen Verehrer?

Er kann Sektflaschen öffnen und Kinokarten kaufen. Das reicht fürs Erste.

Sie lachen. Dann sagt Susanne seufzend: Das würde mir fürs Erste auch reichen. Ein bisschen Verehrung, meine ich.

Das wird schon, sagt Johanna.

Versprochen?

Versprochen.

Sie trinken. Wenn ich denke, wie ich mir dich vorgestellt habe, ehe wir uns kennengelernt haben, sagt Susanne versonnen. Wie eine herzlose, eiskalte ...

Hexe?, schlägt Johanna vor.

Nein, Hexen sind doch inzwischen rehabilitiert. Herzlos und eiskalt einfach. Thomas hat kein gutes Haar an dir gelassen.

Und dabei bin ich so ein Schatzi.

Bist du.

Ich war viel zu nett zu diesem Arsch. Garnelen im Teigmantel hab ich ihm gemacht. Ich hasse dieses Gefummel mit den Garnelen. Dass man ihnen den Darm ziehen muss. Grässlich.

Wenn er wüsste, dass wir uns inzwischen kennen.

Das wär ihm gar nicht recht.

Sie lachen.

Lea kommt aus ihrem Zimmer. Könnt ihr ein bisschen leiser sein?, fragt sie vorwurfsvoll. Ich muss noch lernen.

Es stellt sich heraus, dass Carola mit Jana bereits zu tun hatte. Geschäftlich. Die Welt ist klein und Jana ist in der PR-Branche, da läuft sie einem schon einmal über den Weg, wenn man Marketingchefin einer Firma ist. Allerdings nennt sich Jana mittlerweile Johanna, deswegen war Carola zuerst ahnungslos, als Thomas von ihr erzählte. Erst als er den Nachnamen sagt, fällt der Groschen. Was? – Aber die kenne ich ja!, ruft Carola überrascht.

Thomas schaut säuerlich.

Allerdings dachte ich, sie heißt Johanna.

Das stimmt schon, sagt Thomas mürrisch. Sie will jetzt wieder bei ihrem richtigen Namen gerufen werden. Wir haben sie eine Zeit lang Jana genannt. Also, ich. *Johanna* hat mich an meine Tante Hansi erinnert.

Carola hat Jana, oder vielmehr: Johanna, bei ihren kurzen Treffen sympathisch gefunden, intelligent und kompetent. Was das Aussehen anlangt, so hat Thomas vielleicht ein wenig übertrieben, aber möglicherweise sagt er ja auch von Carola, dass sie wunderschön ist. Und Jana, also Johanna, ist, wenngleich keine atemberaubende Schönheit, so doch zweifellos attraktiv.

Das denkt sich Carola, als sie Jana/Johanna erneut gegenübersitzt, um mit ihr über die PR-Strategie für die Marketing-

Kampagne zu reden, die ihre Firma vorhat. Komische Vorstellung, dass diese Business-Frau dieselbe ist, mit der Thomas an Sonntagen im Bett frühstückte.

Carola frühstückt ungern im Bett, sie findet es umständlich und unbequem und befürchtet immer, dass etwas verschüttet wird, und die Krümel auf und unter der Bettdecke stören sie sowieso. Jana war zunächst genauso, erzählte Thomas, aber ihm zuliebe habe sie sich überwunden, und am Ende habe sie das sonntägliche Im-Bett-Lungern mit dem ganzen Frühstückszubehör sogar genossen, selbst wenn einmal Kaffee, Orangensaft oder Marmelade auf der Bettwäsche gelandet sei.

Nach Carolas Erfahrung landet bei dieser Art Frühstückerei immer etwas auf der Bettwäsche, was dort nicht hingehört, und da sie abends nicht in ein fleckiges Bett steigen mag, überzieht sie es danach neu. Thomas ist da nicht so empfindlich, sein Bett wird an und für sich nicht so oft frisch überzogen, wenn Carola sich daran stößt, muss sie eben auch bei ihm die Bettwäsche wechseln.

Da sitzt jetzt also Jana, die Unübertroffene, und schaut eigentlich ganz sympathisch aus, und Carola ist versucht, ihr zu sagen, was sie verbindet.

Sie sagt natürlich nichts. Erstens wäre das unprofessionell, und zweitens, was sollte dabei schon herauskommen? Wenn Jana Thomas noch immer nachtrauert, würde das nur die Stimmung zwischen ihnen verderben.

Andererseits, es ist so lange her. Thomas ist zwar überzeugt davon, unvergesslich zu sein, aber Carola weiß, dass Trauerphasen ein Ablaufdatum haben. Das mag von der Person, deren Abgang nicht mehr betrauert wird, als wenig schmeichelhaft empfunden werden, gehört aber zum Lauf der Dinge. Auch Carola war etwas irritiert, dass ihr Ex-Mann nach der Scheidung weder Kloster noch Freitod wählte, sondern sich relativ frohgemut wieder auf die Piste begab, fand sich dann aber einsichtig damit ab. Ihm ist es umgekehrt wohl ähnlich ergangen.

Die Frage ist, wie sich Jana/Johanna über Thomas äußern würde. Wenn sie etwas sagte, bei dem eine Spur Neid auf Carola mitschwingen würde, dann wäre das okay. Trauer muss nicht sein. Aber Bedauern wäre angebracht.

Carola bemüht sich um Thomas ja auch deshalb, weil sie an seinen Marktwert glaubt. Sie sieht ihn als solide Anlage auf der Partnerbörse, der Profit hält sich zwar in Grenzen, aber sie zweifelt nicht, dass er stark nachgefragt würde, wenn sie ihn aus der Hand gäbe.

Ja, man muss das realistisch sehen. Keine Frau wünscht sich einen Ladenhüter. Kein Mensch möchte eine Beziehung mit einer Person, mit der nicht eine respektable Anzahl anderer Menschen ebenfalls eine Beziehung wollte. Männer sind da noch viel erbarmungsloser als Frauen.

Bis jetzt glaubt Carola, dass die potenzielle Anzahl Frauen, die zugreifen würden, wenn Thomas wieder zu haben wäre, ziemlich respektabel ist. Was, wenn Jana diese Überzeugung nicht bediente, ja, sogar ins Wanken brächte? Wenn sie gänzlich neidlos wäre? Ohne das geringste Bedauern?

Trotzdem. Irgendwie wäre es interessant, Janas – Johannas – Reaktion auf Thomas' Namen zu erleben. Was sie so sagt. Wie sie es sieht.

Carola räuspert sich.

Das andere Leben

—

Früh hat sich mein eigenes Leben von mir verabschiedet. Kaum kennengelernt, schon dahin. Bye-bye und weg. Seitdem winkt es mir manchmal durchs Fenster zu, ob verheißungsvoll, höhnisch oder bedauernd, kann ich nicht sagen. Wenn verheißungsvoll, dann ist das jedenfalls gelogen. Ich weiß inzwischen, ich werde es nie wieder zu fassen kriegen. Ich weiß es, aber ich will es nicht wahrhaben. Seit Ewigkeiten hoffe ich, dass wir wieder einmal zusammenkommen. Manchmal sieht es so aus, als würden sich meine Hoffnungen erfüllen. Bald. Demnächst. Jetzt! Ich greife danach, aber ich erwische es nicht. Die Leben der anderen zerren mich zurück, halten mich fest, zwingen mich, auf meinem Platz zu bleiben. Mein Platz ist nicht in meinem eigenen Leben. Da draußen trudelt es umher, eine Glaswand trennt uns, ich sehe es vorübertreiben, bald wird es verschwunden sein.

Ich war eine brave Enkelin. Ich war eine brave Ehefrau und eine brave Mutter. Ich bin eine brave Großmutter. In meinem Herzen jedoch bin ich aufsässig und uneinsichtig, ich will nicht akzeptieren, dass ich kein eigenes Leben verdiene, ich tue brav, was von mir verlangt wird, aber ich tue es widerstrebend, erbittert, mittlerweile resigniert. Ich möchte mein eigenes Leben, aber ich habe nie gewagt, es mir einfach zu nehmen, vielleicht auch, weil ich nicht einsehe, dass ich ein eigenes Leben nur um den Preis bekommen hätte, eine schlechte Enkelin, Mutter, Ehefrau, Großmutter zu sein.

Mein eigenes Leben wurde von mir getrennt, als ich gerade auf dem Weg nach England war, wo ich als Au-pair-Mädchen arbeiten und studieren wollte. Mein eigenes Leben war eines, in dem Lernen einen hohen Stellenwert hatte, egal, ob es sich um Lernen an Bildungseinrichtungen oder um das Kennenlernen von Menschen und Ländern handelte. Mein eigenes Leben war, als es mir abhanden kam, nicht glamourös (obwohl ich vorgesehen hatte, dass es das später einmal sein sollte), aber auch nicht so eintönig und trostlos wie das, das ich nach dem Abschied von ihm zu führen gezwungen war und bis heute führen muss.

Ich war auf dem Weg nach England, als meine Großmutter von einem Schlaganfall niedergestreckt, jedoch nicht getötet wurde. Ich war ein Großmutterkind, von der Großmutter aufgezogen, nachdem meine Eltern sich in neue, eigene, von mir unbelastete Leben davongemacht hatten. Ja, meine Eltern haben es zu eigenen Leben gebracht, ich blieb dabei auf der Strecke, aber das kümmerte niemanden außer meine Großmutter, die sich sofort in die Riemen legte und das Boot, das meine Eltern verlassen hatten, vor dem Untergang bewahrte. Für meine Großmutter wurde es zur Galeere, sie warf ihr eigenes Leben über Bord (eine Familientradition, könnte man sagen, die allerdings, wie es aussieht, nur von jeder zweiten Generation hochgehalten wird) und ruderte fortan unentwegt zu meinem Besten. Und natürlich war klar, dass ich das Ruder übernehmen würde, als der Schlaganfall sie lähmte und hilflos machte. Ich kehrte um. Sie lag ein paar Wochen im Spital, wo ich täglich an ihrem Bett saß, danach wurde sie mir ausgeliefert und mit dem gemütlichen Am-Bett-Sitzen war es vorbei. Zwei Jahre meines jungen Lebens habe ich der Pflege meiner Großmutter gewidmet, und nein, ich habe es nicht gern getan. Ich habe es getan, weil ich es ihr schuldig war, aber die Frau, die auf mich angewiesen in ihrem Bett lag, war nicht mehr meine Großmutter.

Doch selbst wenn meine Großmutter noch sie selbst gewesen wäre, wäre ich nicht gern bei ihr geblieben. Ich war fortgegangen, um der Symbiose mit ihr zu entkommen, der Enge, ihren Ängsten, den Beschränkungen, die sie mir auferlegen wollte. Tu das nicht, sagte sie, was da passieren kann, sagte sie, das wird nicht gut gehen, sagte sie. Und sie sagte auch: Tu nicht so viel lesen, mach was Gescheites. Gescheit war, was nicht in Büchern stand. Gescheit war Zupacken und Machen und Durchhalten, und sie hatte ja recht, denn wenn sie nicht zugepackt und gemacht und durchgehalten hätte, wäre ich nicht mit heiler Haut davongekommen. Aber da sie mich mit Zupacken und Machen und Durchhalten durchgebracht hatte bis dorthin, von wo aus ich fähig gewesen wäre, in England zu studieren, hatte ich gedacht, nun sei zur Abwechslung Wissen sammeln und Nachdenken angesagt, jedenfalls für mich, wenn schon nicht für meine Großmutter. Aber, Irrtum, jetzt war ich dran mit Zupacken und Machen und Durchhalten.

Meine Großmutter sagte nichts mehr. Sie sagte nichts, sie gab nicht zu erkennen, ob sie etwas verstand, sie war ein hilfloser Körper, den ich mit mühsamen Wartungsdiensten am Leben zu erhalten versuchte, sofern man das, was sie tat, leben nennen konnte.

Draußen war Sonne, war Wind, war Regen, waren Jahreszeiten, waren Menschen meines Alters, sie studierten, gingen zum Tanzen, saßen beisammen, verliebten sich, zerstritten sich, hatten Zukunftspläne, stellten Ansprüche, an sich, aneinander, an ihre Zukunft. Ich war ausgeschlossen. Ich gehörte nicht dazu. Ich gehörte an ein Krankenbett, zu Urinbeuteln, Pflegesalbe, Desinfektionsmitteln, an die Waschmaschine, an den Herd, in die Apotheke, an den Krankenkassenschalter, wo angesucht und eingereicht werden musste, damit die Krankenkassa die Urinbeutel und die Pflegesalbe und die Desinfektionsmittel bezahlte.

Alberto hatte dunkle Augen und ein kühnes Profil, er machte bereits seine Abschlussprüfungen, als ich erst inskribierte, ich hörte auf ihn, weil er, wie ich dachte, mehr wusste als ich, und weil es gut tat, zur Abwechslung auf jemanden hören zu können, nach zwei Jahren mit einer stummen Großmutter, die mir ausgeliefert und für die ich verantwortlich gewesen war. Nun lieferte ich mich Alberto aus und gab Verantwortung ab, er entwarf unser gemeinsames eigenes Leben, etwas anderes wünschte ich mir nicht. Alberto wollte Kinder. Ich auch, aber später, doch weil Alberto die Verantwortung übernommen hatte, bekamen wir sie bald, zwei Töchter, und Alberto, Nachfahre liebevoller italienischer Patriarchen, sagte, sie seien sein großes Glück. Mit diesen Worten übergab er sie meiner Obhut und Pflege, er vertraute mir sein Glück an, er trug, um einen alten Witz zu strapazieren, die Verantwortung, und ich trug fortan die Kinder. Ich fütterte sie und wickelte sie und beruhigte sie, wenn sie nachts schrien, denn Alberto brauchte seinen Schlaf, schließlich musste er am Morgen aufstehen, wie ich auch, aber ich musste dazu nicht ausgeschlafen sein. Obwohl Alberto also wenig Umgang und demzufolge wenig Mühe mit den Kindern hatte, stellte er bald fest, dass sie seine Freiheit empfindlich beschnitten. Das hielt er nicht aus. Dazu war er nicht geschaffen. Er brauchte ein eigenes Leben und er kam drauf, dass sein eigenes Leben das tägliche Zusammensein mit Kindern nicht vorsah. Nicht mit den Kindern, nicht mit ihrer Mutter. Alberto ging und nahm sein eigenes Leben mit, seines und meines, denn ein eigenes ohne ihn hatte ich ja nicht gehabt. Alberto hatte mir sein Glück anvertraut, und ich hatte es veruntreut, indem ich nicht verhinderte, dass es sich zum Unglück verformte.

Mein Leben gehörte jetzt meinen Kindern. Ich hatte die Kinder und Jobs, die sich damit vereinbaren ließen, dass mein Leben nicht mir gehörte. Ich packte an und packte zu und hielt durch, sonderlich viel Geld sprang dabei nicht heraus, aber genug für einen Lebensstandard, den ich für annehmbar hielt. Meine Töchter erzählen jedoch häufig von ihrer entbehrungsreichen Jugend, das bezieht sich aufs Materielle sowie darauf, dass sie ihre Mutter so oft entbehren mussten, denn immer, wenn sie mich wirklich gebraucht hätten, war ich arbeiten. Meine Berufstätigkeit und ihr Mutterbedarf waren kommunizierende Gefäße, eins ohne das andere undenkbar, hätte ich nicht gearbeitet, hätten sie mich vermutlich nie gebraucht. Hättet ihr euch das Brauchen halt anders eingeteilt, sage ich manchmal unwirsch, aber sie sagen: Nein, du hättest dir das Berufstätigsein besser einteilen müssen. Dabei glaube ich, sie haben sich das Brauchen extra so eingeteilt, dass es sich mit meiner Berufsarbeit überschnitt. Meine Töchter hatten ihren Erzählungen nach ausschließlich Freundinnen, die ihre Mütter nie mit einem Beruf teilen mussten und bei denen das Geld immer auf wundersame Weise von selber zum Fenster hereingeflattert kam, und zwar mehr Geld, als wir jemals auch nur ansatzweise zur Verfügung hatten. Meine Töchter sahen das und der Vergleich machte sie bitter.

Mama, Mama! Diese aufgeregten Schreie, wenn ich schnell im Supermarkt war und wieder nach Hause kam. Mama! Sie stürzten auf mich los, sie stürzten sich auf die Einkaufskörbe und rissen heraus, was ich gekauft hatte, fetzten Packungen auf, zerrten einander die Beute aus den Händen, tranken gierig aus ungeduldig aufgerissenen Milchtüten, die Milch lief ihnen übers Kinn, dazwischen atemlose Berichte, gegenseitige Beschuldigungen, Klagen, Anklagen. Als wäre ich eine Ewigkeit weggewesen, als hätte ich sie jahrelang einem grausamen Schicksal überlassen, als hätte ich mich egoistisch vergnügt und vergessen, dass es sie gab und dass sie auf mich warteten.

Meine Töchter, sage ich, wenn ich von ihnen spreche, meine Töchter behaupten, meine Töchter wollen, meine Töchter finden, und man könnte daraus schließen, dass sie ein zusammengeschweißtes Schwesternpaar seien, genetisch homogen, eines Sinns, einander in Zuneigung verbunden. Das Gegenteil ist der Fall. Einig sind sie sich nur in ihrer Anspruchshaltung mir gegenüber (wobei jede findet, ihre Ansprüche seien wichtiger und müssten zuerst erfüllt werden), einig sind sie sich in ihrer Vorwurfshaltung mir gegenüber, einig sind sie sich darin, dass ich ihren Erwartungen nicht genüge, einig, dass ich eine Last bin, sobald ich sie nicht entlasten kann, wie es zum Beispiel der Fall ist, als ich mit gebrochenem Knöchel und Lungenentzündung im Spital liege.

Davon abgesehen liegen meine Töchter in einem Dauerstreit, Dauerwettstreit, Dauerkampf, sie bekriegen einander, sie beäugen einander scheel, sie hassen und sie lieben einander, das auch; unter all der Wut, mit der sie ihre Hörner aufeinanderkrachen lassen, liegt Liebe, aber die wird niedergetrampelt, begraben unter dem ständigen Bemühen, der anderen keinen Fußbreit Boden zu überlassen.

Damit hatten und haben sie mich an der Kandare. Schau mich an! Nein, mich!, schreien sie. Ich brauche dich! Ich brauche dich notwendiger!, schreien sie abwechselnd. Sie hat mich gekränkt, schreien sie, sie hat mich beleidigt, sie hat mir schon wieder was zu Fleiß getan, weißt du, was sie getan hat, als du nicht da warst, du warst weg und schon war sie gemein – und dahinter steht die Anklage: Wie konntest du weg sein, wie konntest du mich allein lassen mit ihr, wie konntest du deine Augen abwenden, wie konntest du du sein wollen statt für mich da zu sein.

Mario, diesmal italienisch bloß dem Vornamen, nicht aber den Vorfahren nach, hätte mich nicht allein mit meinem Beruf, sondern auch mit meinen Töchtern teilen müssen, das hielt er schließlich nicht mehr aus, das hielt er nicht durch, nicht alle sind so aufs Durchhalten programmiert wie ich. Als er wieder ging, war ich froh: ein Mensch weniger, der mich mit Vorwürfen verfolgte, weil ich angeblich zu wenig Zeit für ihn hatte, ihn nicht genug liebte, ihm meine Liebe nicht genug zeigte.

Ich hatte gehofft, Mario würde mir wenigstens zu einem kleinen Stück eigenem Leben verhelfen, indem er nicht nur meine Wohnung und meine Einkünfte mit mir teilte, sondern auch meine Pflichten, aber Mario bestand darauf, nur die schönen Seiten des Lebens mit mir teilen zu wollen, Umverteilung nicht möglich. Leider hatte mein Leben nicht ausreichend schöne Seiten, um sie auch noch zu teilen.

Inzwischen sind meine Töchter erwachsen, die ältere heiratete früh und bekam drei Kinder, sie entschied sich bewusst dafür, nur Hausfrau und Mutter zu sein, sie wollte ihren Kindern eine gute Mutter sein, keine abgehetzte, zwischen Job und Kindern zerrissene wie ich, sie wollte mit ihren Kindern Kekse backen, Adventkränze binden, die Kinder zum Ponyreiten fahren, geduldig neben den Ponys stehen, während die Kinder auf den Ponys im Kreis trabten, die Sommernachmittage mit den Kindern im Schwimmbad und auf grünen Wiesen verbringen. Sie wollte eine hingebungsvolle Mutter sein und ihrem Ehemann eine hingebungsvolle Geliebte, deshalb musste ich die Kinder regelmäßig übernehmen, damit meine Tochter erotische Nächte und romantische Wochenenden mit ihrem Ehemann verbringen konnte, das war ich ihr schuldig. Schließlich wollte ich ja wohl nicht, dass ihre Ehe zu Bruch ging. Ehen gehen zu Bruch, wenn die Ehefrauen nur noch Muttertiere sind statt verführerischer Liebhaberinnen, das weiß man. Willst du, dass meine Ehe zu Bruch geht?, fragte meine Tochter, sobald ich zögerte, die Kinder zu übernehmen, und schon spurte ich. Außerdem musste ich mich öfters wenigstens um eins der Kinder kümmern, weil die Zeitpläne der drei mit der Zeit auseinanderdrifteten, man kennt das, eins soll zum Karate-Training gebracht werden, das andere zum kreativen Töpfern, wie kann das klappen ohne eine zusätzliche Betreuungsperson?

Mein Schwiegersohn stand als Betreuungsperson nicht zur Verfügung, er musste Geld verdienen, nicht zuletzt Geld, das meine Tochter für die verführerischen Dessous brauchte, in denen sie ihn vergessen ließ, dass sie neben Geliebter auch noch Muttertier war. Mein Schwiegersohn schuftete rund um die Uhr, das Mindeste, was er dafür verlangen konnte, war eine Ehefrau, die ihn nicht abtörnte, indem sie das erschöpfte Muttertier raushängen ließ. Darum verhinderte ich die Erschöpfung meiner Tochter. Ob ich als Großmuttertier erschöpft war, war nebensächlich, das ruinierte keine Ehe.

Meine jüngere Tochter entschied sich für eine berufliche Karriere – eine richtige Karriere, nicht bloß für einen Job wie ich –, darum hat sie lediglich ein einziges Kind, das aber mit ihrer Karriere nur vereinbar ist, wenn sie es immer wieder zu mir auslagern kann. Der Kindesvater ist detto auf dem Karrieretrip, von dem ist nicht viel Kooperation zu erwarten, sagt meine Tochter, umso mehr Kooperation erwartet sie von mir, schließlich wollen wir beide nicht, dass sie so endet wie ich, im Hamsterrad eines wenig interessanten Jobs ohne Aufstiegschancen.

Die Ehe meiner Älteren ging mittlerweile trotzdem zu Bruch, nun muss sie arbeiten gehen und braucht mich erst recht, und selbstverständlich helfe ich ihr, ich helfe ihr nicht gern, aber ich helfe ihr, sie hat ja sonst niemanden. Mein Leben gehört jetzt meinen Enkelkindern, ich habe Enkelkinder und immer noch Jobs, die sich mit meinen Töchtern und meinen Enkelkindern vereinbaren lassen müssen, weil ich von meiner Rente nicht leben könnte; um eine ausreichende Rente zu beziehen, dazu habe ich nie genug verdient.

Dankbar sind meine Töchter mir nicht, sie finden, eher schulde ich ihnen Dank, weil sie mir die Möglichkeit geben, ein wenig von der Schuld abzutragen, die darin besteht, dass ich sie ihre Kindheit und Jugend hindurch gezwungen habe, mich mit einem Job zu teilen. Zwar müssen mich auch meine Enkelkinder mit meinen Jobs teilen – das ist verwerflich, gemessen am Engagement der Rund-um-die-Uhr-Großmütter, die meine Töchter angeblich kennen –, aber dennoch liegt in meinem Einsatz für sie die Chance auf ein bisschen Ablasserwerb.

Zeitraffer, Sie erzählen Ihr Leben im Zeitraffer, sagt meine Therapeutin. Würde meine Therapeutin sagen, wenn ich eine hätte, und ich würde antworten, wie soll ich mein Leben anders erzählen, ich habe im Zeitraffer gelebt, das fremde Leben, das ich führe, hat meine Zeit an sich gerafft.

Ich habe keine Therapeutin, weder brächte ich die Zeit noch das Geld für eine auf, schade, ich könnte eine brauchen. Obwohl: Ich kann mir denken, was sie mir sagen würde – hinter Fragen versteckt, auf Therapeutinnenart, so, dass ich glauben würde, ich hätte es selber herausgefunden –, die Botschaft wäre: Wehren Sie sich, lassen Sie nicht andere über sich bestimmen, setzen Sie sich durch. Das würde mir nicht weiterhelfen. Weiß ich alles. Geht trotzdem nicht. Niemand lässt seine Kinder im Stich. Na ja, manche vielleicht doch. Ich aber nicht.

Dennoch schade, dass ich keine Therapeutin habe, ich hätte gern eine, nur zum Zuhören. Also, zum Reden. Ich rede und sie hört zu. Ich möchte angehört werden. Das würde mir genügen.

Meine Wohnung ist enkelgerecht, meine Wohnung ist wieder töchtergerecht, meine Wohnung ist eine Müllhalde, ein Warenlager, eine Durchgangsstation, meine Wohnung gehört nicht mehr mir, ich habe keine Wohnung mehr.

Eine kurze Zeitspanne, als meine Töchter gerade ausgezogen waren, hoffte ich auf Ruhe und Ordnung nach meinen Vorstellungen, auf eine Zuflucht nach meinen Bedürfnissen, auf, ja, so vermessen war ich, ein eigenes Leben in einer eigenen Wohnung. Was für eine törichte Hoffnung. Ich verwende das altmodische Wort töricht, weil es mir am zutreffendsten scheint für eine Hoffnung, die längst Staub angesetzt hatte, ich hätte doch wissen müssen, dass sie sich nicht erfüllen würde, alter Plunder war sie, ich vergrub sie wieder unter dem Kram, den meine Töchter bei mir ablagern, weil in ihren coolen Eigenheimen kein Platz dafür ist, vorübergehend ablagern, wie sie versichern, aber der Krempel, der ihnen zum Wegwerfen zu schade und für ihre Wohnungen zu wenig stylish ist, bleibt hier, der geht nicht vorüber, obwohl sie behauptet haben, es handle sich nur um eine vorübergehende Lösung. Warum lasse ich mir das gefallen? Weil ich müdegekämpft bin, müde bin vom vergeblichen Auflehnen, Erklären, um Verständnis Betteln. Kaum lehne ich mich auf, geht auch schon etwas schief, ein Enkelkind wird krank oder in der Wohnung einer Tochter bricht ein Wasserrohr (hinterher stellt sich heraus, es ist nichts gebrochen, sondern die Badewanne ist übergelaufen, weil sie im Nebenzimmer endlos telefoniert und vergessen hat, das Wasser abzudrehen), kaum lehne ich mich auf, rufen meine Töchter nach mir in höchster Not, und ich bin schuld an der höchsten Not, weil ich mich aufgelehnt habe. So läuft das bei uns. Mit mir.

Ich bin erpressbar, manipulierbar, verunsicherbar, unsicher, eine leichte Beute für Lug, Trug und Übertreibungen. Ich sehne mich schon nicht mehr nach Lob und Anerkennung, ich möchte nur mehr nicht kritisiert werden. Aber nicht einmal das klappt. Ich setze mich nicht durch, und wenn ich mich doch einmal durchsetze, stößt das auf noch mehr Kritik. Ich bin aufs Nichtdurchsetzenkönnen festgelegt und wehe, ich versuche, diese Rolle abzulegen.

Als mein Vater bei mir auftauchte nach langen Jahren der Absenz, weinerlich vor Selbstmitleid, gescheitert an zwei Ehen, mit Geldsorgen und lädierten Bandscheiben, blieb ich hart. Tut mir leid, bei mir kannst du nicht wohnen. Tut mir leid, ich habe selber kein Geld. Ich kann mich nicht um dich kümmern, ich muss arbeiten und zwei Kinder versorgen.

Mario sagte später, diese gnadenlose Unerbittlichkeit dem Mann gegenüber, dem ich mein Leben verdanke, habe ihn zutiefst entsetzt. Leben?, fragte ich nach. Ich verdanke ihm kein Leben. Er hat Erbmaterial an mich weitergegeben, das war's.

Da stand für Mario fest, das ich ein gefühlsarmer, bindungsunfähiger Mensch sei.

Ich bin so müde. Immerzu bin ich müde. Ich träume nicht von Infinity Pools auf den Malediven, ich weiß nicht einmal, ob das eine zeitgemäße Beschreibung von Luxus ist, ich träume davon, auszuschlafen, mich sorgfältig anzuziehen, in Ausstellungen zu gehen, in städtischen Straßencafés Zeitung zu lesen, einfach in den Tag hinein zu schlendern ohne die Befürchtung oder gar die Gewissheit, gleich zurückgepfiffen zu werden.

Draußen ist Heiterkeit, ist Geselligkeit, werden Reisen gemacht, wird zu Partys eingeladen, draußen sind Frauen meines Alters, ausgeschlafen, sorgfältig angezogen, golfplatzgebräunt, die noch nie selber eine Steuererklärung abgegeben oder einen Rasenmäher zur Reparatur gebracht haben.

Draußen sind Frauen meines Alters, die vorwurfsvoll klagen, weil sie nach dem Tod ihrer Männer selber den Rasen mähen müssen, oder die ratlos fragen, wer sie beschützen wird, nun, da ihr großer Bruder auch von ihnen gegangen ist, als sei ihnen ein natürlicher Anspruch auf Umsorgtwerden und Beschütztwerden unrechtmäßig entzogen worden.

Ich will gar nicht umsorgt und beschützt werden, ich will bloß einmal aufhören dürfen, zu umsorgen und zu beschützen, ich will bloß einmal aussetzen dürfen mit dem Umsorgen und dem Beschützen, ich will einmal frei sein.

Aber Freiheit ist nur eine Idee, für mich jedenfalls, Freiheit ist das, was die anderen haben, Freiheit ist, was ich nie kriegen werde, Freiheit ist eine Sehnsucht, die sich nie erfüllen wird, Freiheit ist überall, nur nicht bei mir.

Im Kindergarten traf ich Heinz, ich holte meine Enkelin ab, er seine, so kamen wir ins Gespräch. Heinz war ein engagierter Opa, seine Frau, die engagierte Oma seiner Enkelkinder, war ihm weggestorben, nun versuchte er, sie einigermaßen zu ersetzen. Im Unterschied zu mir erntete er Dankbarkeit von seiner Tochter.

Meine Töchter beglückwünschten mich zur Bekanntschaft mit ihm, die ältere nicht ohne Neid. Schön, dass du jemanden gefunden hast, sagte sie, das Du betonend, da bist du jetzt besser dran als ich. Und meine jüngere Tochter sagte: Fein, nun hast du jemanden zum Ausgehen.

Ich ging aber nicht aus mit Heinz, wie denn auch, ich hatte vielleicht Heinz zum Ausgehen, aber keine Zeit dazu, und wie sich herausstellte, wollte Heinz ohnehin weniger ausgehen als vielmehr Unterstützung bei seinen Aufgaben als engagierter Vater und Opa. Heinz wollte mit mir zusammen seine Enkelin vom Kindergarten abholen und mit mir zusammen seinem Enkel bei den Hausaufgaben helfen, noch lieber wäre ihm gewesen, ich hätte mich allein um die Enkelin gekümmert, während er mit dem Enkel Hausaufgaben machte, aber eigentlich schwebte ihm vor, dass ich beides übernahm, denn schließlich hatte seine verstorbene Frau das auch getan. Deine können ja mitkommen, sagte er großzügig, womit er meine Enkelkinder meinte, aber die wollten nicht mitgenommen werden, die wollten selber im Mittelpunkt stehen und hatten ihre eigenen Stundenpläne, und zudem konnten meine Enkelin und seine Enkelin einander trotz des gemeinsamen Kindergartens nicht ausstehen.

Auch in der Frage des Vorrangs der Töchter waren wir uneins, Heinz sah nicht ein, dass ich meiner Älteren die Wäsche bügelte, statt ihm zur Hand zu gehen, wenn er dem Gartenhaus seiner Tochter einen neuen Schutzanstrich verpasste. Heinz' Tochter war daran gewöhnt, dass der Papa sich um das Handwerkliche in ihrem Haushalt kümmerte, er wartete die Therme, dichtete Fenster ab, wechselte Lichtschalter aus, es gab immer etwas zu tun. Seine verstorbene Frau hatte ihm bei solchen Tätigkeiten assistiert und ihn mit belegten Broten und Tee versorgt. Wozu machst du deinen Kindern die Sklavin, sagte er zu mir, sie sind doch eh nur unfreundlich zu dir. Damit hatte er recht, aber seine Tochter glänzte auch nicht gerade vor Liebenswürdigkeit, wenn sie mich traf (vielmehr zeigte sie sich misstrauisch besorgt, weil sie mir offenbar zutraute, ihren Vater an der Erfüllung seiner Handwerkerpflichten zu hindern), und immerhin waren meine Töchter meine Töchter, wenn ich mich schon unbedankt zur Sklavin machte, dann doch lieber für mein eigen Fleisch und Blut.

So wurde es nichts mit Heinz und mir, was ich schade fand, weil er, abgesehen von seinem Opa-Getue, ein unterhaltsamer Mensch gewesen wäre.

Dann fällt Martin vom Himmel. Zuerst falle allerdings ich und zwar eine Treppe im Park hinunter, weil ich in der Dunkelheit eine Stufe übersehen habe. Ich schlage mit dem Kopf auf einer Steinplatte auf und als ich zu mir komme, kann ich mich nicht hochrappeln, weil ich benommen bin und mein linkes Bein mir nicht gehorcht. Inzwischen ist es kalte Nacht. Im Stürzen ist mir meine Tasche entfallen, irgendwohin, ich finde sie nicht, nur ein paar Sachen daraus, die um mich herum verstreut liegen, Schlüssel, Lesebrille, Halspastillen, mein Handy ist leider nicht darunter.

Ich bleibe bis zum Morgen liegen, frühe Parkbesucher verständigen die Rettung, im Krankenhaus stellt man einen gebrochenen Knöchel und eine Gehirnerschütterung fest. Eine

Lungenentzündung kommt dazu, als Folge der nächtlichen Unterkühlung. Meine Töchter sind besorgt und verärgert. Sie schimpfen mit mir. Warum gehe ich am Abend durch den Park, wieso habe ich mein Handy nicht griffbereit, wohin wollte ich überhaupt, ohne ihnen etwas zu sagen, wie soll das werden, wenn man mich nicht mehr allein lassen kann ... Ich wollte doch nur nach dem Büro ein bisschen frische Luft schnappen, sage ich, als müsse ich mich rechtfertigen dafür, dass ich meine Sklavenketten auf einen unerlaubten Umweg geschleppt habe.

Martin ist Oberarzt auf der Station, zuständig für die Gesundung meiner Lunge, vermutlich könnte er dem Alter nach mein Sohn sein. (Die meisten erwachsenen, berufstätigen Menschen könnten inzwischen dem Alter nach meine Kinder sein.) Er ist ein unauffällig gut aussehender, freundlicher, nachdenklicher Mann, der anfangs nicht viel spricht. Dann sieht er ein Buch über Joseph Haydn auf meinem Nachttisch liegen, meine jüngere Tochter hat es mir mitgebracht, und spricht mich darauf an, wir unterhalten uns über Haydn und über Musik allgemein und darüber, dass er Bratsche spielt, wenn er dazu kommt, was aber nicht oft genug der Fall sei.

Ich liege im Spital, es ist kein Vergnügen, auch hier ein strenges Reglement – Sie haben ja noch immer Fieber! Waren Sie schon auf dem Klo? Wenn Sie noch keinen Stuhl gehabt haben, müssen Sie ein Abführmittel nehmen! –, dazu die Mitpatientinnen, die mir durch ihre bloße Anwesenheit auf die Nerven gehen, und trotzdem empfinde ich die Stunden als Erleichterung, in denen ich einfach nur daliegen darf.

Martin macht es sich zur Gewohnheit, an meinem Bett kurz stehen zu bleiben und ein wenig mit mir zu schwatzen. Rasch stellt sich ein vertrauter Ton zwischen uns ein. Er behandelt mich respektvoll, aber sein Respekt gilt dem, was ich sage, und nicht der Tatsache, dass ich dem Alter nach seine Mutter sein könnte. Zumindest empfinde ich es so. Natürlich sage ich nicht

Martin zu ihm, sondern Herr Doktor, aber einer Tafel auf dem Gang, auf der das gesamte Personal der Station mit Fotos und Namen aufgelistet ist, habe ich seinen Vornamen entnommen, und es käme mir seltsam vor, ihn auch in Gedanken Herr Doktor zu nennen.

Wir reden über Musik, Bücher, Politik. Nicht ausführlich, aber unsere kurzen Gespräche sind eine Abwechslung, auf die ich mich den ganzen Tag freue inmitten des Geplappers und Gejammers meiner Zimmergenossinnen, die ihre Leben voreinander und vor mir ausbreiten und erwarten, dass ich mich dafür interessiere, aber ich mag nicht teilhaben an ihren Leben, weil sie mindestens so trostlos sind wie meines, wenngleich mir scheint, dass sie ihre Leben bei allem Jammern (in erster Linie über körperliche Unpässlichkeiten) nicht als trostlos empfinden. Anders als ich beklagen sie keine versäumten Gelegenheiten, sondern sind stolz auf das, was sie erreicht haben, brave Ehemänner, brave Kinder, brave Enkel, abbezahlte Eigentumswohnungen, Urlaube an der Costa Brava.

Na, der Herr Doktor gefällt Ihnen wohl, sagen sie zu mir, schmunzelnd, spöttisch, und ich weiß, was sie sich denken. Sie denken sich, die dumme Alte himmelt den Gott im weißen Mantel an, wie lächerlich, wie aussichtslos.

Als ich aus dem Spital nach Hause komme, hat die Katze meiner älteren Tochter gerade akute Verdauungsbeschwerden und wird deshalb zu mir ausgelagert. Nichts Besonderes. Routine, mehr oder weniger. Ich putze den Durchfall weg, fahre mit mit der Katze zur Tierärztin, gebe Tabletten und Diätfutter. Nicht zum ersten Mal. Ich bin eine geübte Tierpflegerin. Drei Katzen und einen Hund haben meine Enkelkinder, zusammengerechnet. Ich hüte sie, wenn meine Töchter und ihre Kinder Ferien machen, nehme sie zwischendurch in Pflege, bringe sie zum Impfen, führe den Hund Gassi. Meine anfänglichen Proteste haben meine Töchter, wie alle meine Proteste, mit dem Satz abgewürgt: Das wenigstens kannst du doch für uns machen. Wenn wir schon keinen Vater gehabt haben. Wenn sie schon keinen Vater gehabt haben!, denke ich mir und tue, was immer als Buße gefordert wird. Auf geheimnisvolle Weise hat sich in unserer Familie die Ansicht durchgesetzt, dass ich meine Töchter um ihren Vater gebracht habe, obwohl doch Alberto gegangen ist. Er ist gegangen, weil er dich nicht ausgehalten hat, sagen meine Töchter, und ich bin nicht so grausam, ihnen zu antworten: Nein, er ist gegangen, weil er euch nicht ausgehalten hat.

Noch dazu, wo Alberto jetzt ein Kind hat, vor dem er nicht davonläuft. Der alternde Alberto besitzt inzwischen die nötige Reife, um ein Kind auszuhalten. Eine junge Frau hat es ihm geschenkt, und er zeigt sich stolz damit und fährt mit ihm und seiner jungen Mutter in die Emilia-Romagna, um es seiner Familie vorzuführen.

Wir haben seine weitschichtigen Verwandten in der Nähe von Rimini, die Alberto neuerdings seine Familie nennt, nie besucht, sie wissen nichts von mir und meinen Töchtern, Alberto hat es seinerzeit nicht für notwendig befunden, uns zusammenzubringen, das schien ihm damals zu spießig. Aber nun fährt er nach Rimini und sorgt dafür, dass sein Kind, das jüngste, dasjenige, das er in sein Leben integriert hat, nicht von seinen Wurzeln abgeschnitten wird wie die Kinder, die in seinem Leben nichts verloren hatten.

Albertos neues Kind ist jünger als meine älteren Enkelkinder, die auch Albertos Enkel wären, wenn er nicht solche Schwierigkeiten hätte, sich als Großvater zu betrachten oder gar zu fühlen. Meine Töchter bestehen neuerdings darauf, Alberto samt ihrem kleinen Halbbruder immer wieder zu treffen, Alberto gewährt ihnen gütig Visiten, und meine Töchter sind entzückt von ihm, vom Kleinen und von Albertos *wahnsinnig netter* Frau. Meine Töchter sind sich nicht zu schade, die Zaungäste für Albertos harmonisches Familienleben abzugeben, eifrig spähen sie über die virtuelle Hecke, die Alberto und die Seinen schützend umgibt, begeistert spenden sie Applaus und werden doch nie dazugehören, wie sehr sie sich auch verbiegen und bemühen. Ich gehe mit dem Hund Gassi und fühle mich schuldig, weil ihnen vorenthalten wurde, was Albertos jüngster Spross mühelos kriegt, und würde sie gerne davor bewahren, dass Alberto ihnen so schamlos demonstriert, was er zu geben imstande ist für ein Kind, das er wirklich liebt, im Gegensatz zu ihnen.

All das erzähle ich Martin, nicht ausführlich, aber doch, unter anderem, wenn wir zusammen in einem Café sitzen oder im Grünen, untertags, für eine halbe Stunde oder eine knappe ganze, wie es sich halt ausgeht mit seinen Dienstzeiten und meinen vielen Verpflichtungen. Ich gebe zu, dass ich meine Töchter immer wieder belüge, um ihn zu sehen, keine Zeit, sage ich, leider, ich muss zum Arzt, nein, nichts Schlimmes, sage ich, um zu verhindern, dass sie sich in hysterische Besorgnis steigern (denn bei allem, was sie mir zumuten, sind sie besorgt um mich und wollen mich keinesfalls verlieren), nur eine Routinekontrolle, sage ich, die Lungenentzündung ist zwar vorbei, aber ich muss mich regelmäßig anschauen lassen, ich will schließlich keine chronische Bronchitis. Keine Ahnung, ob aus einer abgeheilten Lungenentzündung eine chronische Bronchitis werden kann, eher nicht, denke ich, aber ich vertraue darauf, dass es meine Töchter auch nicht wissen.
Ich bin nicht in Martin verliebt. Ich würde mich in Martin verlieben, wenn ich dreißig Jahre jünger wäre, und ich glaube ziemlich sicher, wäre ich jung, hätte ich gute Chancen, ihn zu erobern, so viel traue ich mir zu.
Aber weil ich so alt bin, wie ich bin, und kein Mann (wäre ich ein alter Mann, würde ich keine Minute daran zweifeln, dass eine junge Martina von mir eroberbar wäre), weiß ich, was mir zu-

steht. Ich erfreue mich an Martins Gesellschaft. Ich erfreue mich an seinem Anblick, aber ohne erotische Fantasien, ich sehe ihn sachlich als attraktiven, jüngeren Mann, der mir freundschaftlich zugetan ist, doch ich sehe ihn ohne Begehren. Ich verspreche mir nichts. In Martins Gesellschaft vergesse ich, wenigstens für kurze Augenblicke, dass sich die Freiheit, das kapriziöse Luder, mit einer wie mir nicht abgibt, in solchen Momenten flattert mein richtiges Leben vorbei und zwinkert mir zu – immerhin, es winkt mir nicht höhnisch, es zwinkert verschwörerisch, wenngleich ich nicht glaube, dass es sich jemals noch wirklich mit mir verschwören wird.

Gelegentlich gehen wir miteinander in Konzerte. Seine Freundin, sagt Martin, hat es nicht so sehr mit der Klassik. Ich genieße die Musik und dass ich nachher mit ihm darüber reden kann. Erstens ist es schön, überhaupt mit jemandem – bei einem Glas Wein – zu reden, und zweitens ist es schön, weil er gescheite Sachen sagt über das eben Gehörte. Ich bin unvorsichtig, doch das ist mir nicht bewusst.

Martin ist jünger als ich, aber so jung auch wieder nicht. Er ist blass, und zwei tiefe Furchen haben sich links und rechts von seinen Nasenflügeln abwärts bis zu den Mundwinkeln in sein Gesicht gegraben. Gastritikerfalten, hätte meine Großmutter gesagt; im Nachhinein frage ich mich, woher sie den Ausdruck kannte und warum sie wusste, dass tiefe Nasolabialfalten lange Zeit für einen Hinweis auf Magengeschwüre gehalten wurden. Kummerfalten hießen sie früher auch. Da dachte man noch, Magengeschwüre würden hauptsächlich durch Kummer verursacht. Seit der Entdeckung des Helicobacter pylori ist Kummer als Hauptschuldiger jedoch abgesetzt. (Interessant, dass auch Kummer nicht davor gefeit ist, ausgedient zu haben. Soll man das nun tröstlich oder traurig finden?)

Ja, so etwas weiß ich, ich bin medizinisch nicht gänzlich ungebildet, mit der Lunge kenne ich mich jedoch nicht aus, da verlasse ich mich auf Martin, und meine Töchter müssen einsehen, dass ich keine Zeit für Aufträge ihrerseits habe, wenn ich zu meinem Lungenfacharzt muss.

Martin hat tiefe Nasolabialfalten, vielleicht ja doch von einem Kummer, er schaut oft erschöpft aus, seine Hände – mit langen, knochigen Fingern – zittern manchmal. Kürzlich habe ich nachts geträumt, dass ich ihn küsse. Im Traum war ich auf einmal jung. Ich näherte mich ihm tröstend, denn gerade war er einer wilden Verfolgungsjagd entkommen und entkräftet zusammengebrochen. Keuchend lag er auf dem Boden, und ich kniete mich zu ihm und hob seinen Kopf. Als unsere Lippen zueinander fanden, war mir noch mein wirkliches Alter bewusst und ich dachte: Das geht doch nicht. Aber dann küssten wir einander – er mich mehr als ich ihn –, vorsichtig zuerst, zärtlich, spielerisch, forschend, dann leidenschaftlich, und schlagartig merkte ich: Ich bin ja wieder jung. Fast im selben Augenblick wachte ich auf.

Ich kann sehr intensiv träumen. Meistens erinnere ich mich am Morgen nicht, was mir in der Nacht durch den Kopf gegangen ist, aber manche Träume sind so eindringlich, dass ich ihnen nur mühsam wieder entkomme. Sie hängen mir in den Tag hinein nach wie eine zweite Realität, ich fühle weiter, was ich im Traum gefühlt habe, obwohl in der ersten Realität kein Anlass dazu besteht, und gelegentlich habe ich den Verdacht, dass Träume vielleicht tatsächlich ein Paralleluniversum sind. Vielleicht läuft mein wirkliches Leben in meinen Träumen ab. Leider bekomme ich hier, im ersten Universum, nur Fetzen davon zu fassen, und manche sind noch dazu erschreckend oder bedrückend. Vielleicht signalisieren mir meine Träume ja, dass ich ganz froh sein kann, mein wirkliches Leben nicht besser kennengelernt zu haben.

Martin also von Kummerfalten gezeichnet, bleich, mit rastlosen Händen und gehetztem Blick. Ich habe wenig Ambition, in Geständnisse verwickelt zu werden, die ich nicht hören mag, fremden Kummer zu schultern, als wäre es mein eigener, mich verständnisvoll, gütig und hilfsbereit zu zeigen. Ich bin nicht verständnisvoll und gütig, und ich will mich nicht so zeigen. Bei aller Freundschaft. Bei aller Zuneigung. Ich habe keine freien Kapazitäten mehr an mütterlichem, hilfsbereitem Verständnis. Aber ich bin ihm Anteilnahme schuldig. Wie er mir, so ich ihm. Also: Was ist denn los, mein Lieber? Sag es mir. Du kannst es mir ruhig sagen. Nein, du belastest mich nicht. (Doch, tust du. Glaub mir nicht.) Nein, dazu sind Freundinnen ja da. Ich höre. Keine Scheu, du könntest mein Sohn sein (leider), ich höre dir zu.

Und es kommt wie befürchtet.

Was ich vermisse, sagt die Psychotherapeutin, die ich nicht habe, sind liebevolle Worte über Ihre Enkelkinder. Haben Sie denn keine Freude an ihnen?

Doch. An und für sich schon. Mehr oder weniger im Konjunktiv, sozusagen. Ich hätte Freude, wenn ich dazu käme, mich einfach an ihnen zu erfreuen. Aber stattdessen werde ich unentwegt zu Dienstleistungen abkommandiert. Mach doch. Hol. Bring. Sie brauchen. Sie wollen. Siehst du nicht, dass sie ...? Kannst du ihnen nicht endlich ...?

Meine Enkelkinder sind mir Pflicht, nicht Kür.

Lieben mich meine Enkel? Die Kleinen wahrscheinlich. Die Größeren sehen mich mehr und mehr als Selbstbedienungsladen. Sie nehmen mit, was sie brauchen können. Wenn sie da waren, ist das Ladekabel von meinem Handy verschwunden, der Akkuschraubenzieher, das silberne Schälchen aus der Vitrine, mein Vorrat an Abschminktüchern. Sie nehmen nichts heimlich mit, aber sie finden es oft auch nicht der Mühe wert, mir zu sagen, dass sie dieses oder jenes für sich abzweigen. Was mir gehört, gehört auch ihnen.

Sie respektieren weder mein Eigentum noch mein Territorium. Sie respektieren mich nicht. Sie respektieren mich nicht, weil mich ihre Mütter nicht respektieren. Ihre Mütter haben ihnen beigebracht, dass man sich an mir, an meiner Zeit, an meinem Eigentum, an meiner Arbeitskraft bedienen kann, ohne mir zu danken. Was immer ich tue oder gebe, es ist nie genug. Warum einer dankbar sein, die nicht genug tut und nicht genug gibt?

Draußen sind Mütter und Großmütter, die werden geliebt und gelobt, und je weniger sie tun und geben, umso mehr werden sie geschätzt. Der alte Rat: Mach dich rar. Mach dich kostbar. Sorg dafür, dass sich die anderen danach verzehren, deine Zuneigung, deine Zuwendung, kleine Gesten der Zärtlichkeit von dir zu erringen. Ich habe ihn nicht befolgt. Hätte ich ihn befolgen können, ohne meine Töchter und meine Enkelkinder im Stich zu lassen? Ich glaube nicht. Meine Mutter hat sich rar gemacht, aber ich habe sie nicht geliebt, denn sie hat mich im Stich gelassen. Sich rar machen kann man nur, wenn mindestens noch einer da ist, der die Verantwortung übernimmt, deren Übernahme man selber verweigert. Kühle und egozentrische Mütter werden geliebt, wenn ein liebender Vater den Kindern vorlebt, dass diese Mutter kostbar und anbetungswürdig ist, obwohl oder gerade weil sie sich entzieht. Ich habe solche Familien kennengelernt. In meiner Schulzeit, in der meine beste Freundin eine solche Mutter hatte, und später, als meine Töchter auf angeblich anbetungswürdige Mütter von Freundinnen verwiesen. Immer waren Väter und Großeltern im Spiel, die mithalfen, die egozentrischen Mütter auf ein Podest zu stellen.

Ich habe Alberto nicht auf ein Podest gestellt. Aber er konnte sich rar machen, ohne gravierende Schäden zu hinterlassen, weil ich für unsere Töchter gesorgt habe. Jetzt lieben sie ihn und sind dankbar für jede noch so kleine Geste der Zuwendung von ihm.

Draußen sind Menschen, die leben ihre Talente aus, die widmen sich einer Leidenschaft, die verfolgen die Verwirklichung eines Traums, die gehen unbeirrbar und ausdauernd ihren eigenen Weg.

Staunend und hingerissen höre ich Radio-Interviews mit bekannten Musikschaffenden, ich höre zu und denke mir, das muss schön sein, so eine Begabung zu haben und genau zu wissen, dass man sein Leben mit ihr verbringen kann und dass sich selbstverständlich alles um sie drehen wird. Ich unterschätze die Mühen nicht, die ein solches Leben mit sich bringt, das viele Üben, die verbissene Arbeit am ständigen Sich-Perfektionieren, aber ich stelle mir vor, wie befreiend es sein müsste, sich auf eine solche Arbeit und solche Mühen konzentrieren zu können und sich nicht dafür entschuldigen zu müssen, dass man ihnen seine Zeit und seine Kraft widmet.

Ich bin aufgeflogen. Meine Töchter wissen alles. Meine Treffen mit Martin sind nicht unbeobachtet geblieben. Diese peinlichen Lügen von wegen Kontrollterminen und so! Dass ich mich für so etwas hergebe. Für die Enkel keine Zeit, aber mit einem jugendlichen Lover in Bars abhängen. Ist dir klar, dass der Mann keine lauteren Motive hat? Denkst du im Ernst, er ist in dich verliebt?

Er ist nicht mein Lover, und ich weiß, dass er nicht in mich verliebt ist, sage ich. Und ja, es ist peinlich, dass ich euch angelogen habe. Als wäre ich das Kind. Als wäre ich euch Rechenschaft schuldig, Herrgott.

Der Kerl ist ein Spieler, sagt mein Schwiegersohn (der noch verbliebene) streng, denn er hat Erkundigungen eingezogen. Ein Witwentröster und Heiratsschwindler, weil er ein Spieler ist. Er zockt dich ab.

Von Heirat war nicht die Rede, sage ich ungerührt.

Mein Töchter stöhnen ungeduldig auf und mein Schwiegersohn macht eine wegwerfende Handbewegung. Hast du ihm schon Geld gegeben, sag? Wie viel?

Ich zucke die Achseln. Wenn, dann war es doch wohl mein Geld.

(Woher nehme ich auf einmal die Kraft zur Auflehnung? Weil zu viel irgendwann zu viel ist? Wenn ja, dann ist der Tropfen, der das Fass zum Überlaufen gebracht hat, nicht dieses Gespräch.)

So einfach ist das nicht, sagt meine jüngere Tochter. Wenn du dich in Schwierigkeiten gebracht hast, dann geht das auch uns etwas an.

Ich habe mich nicht in Schwierigkeiten gebracht, sage ich.

Ich verstehe dich nicht, sagt meine ältere Tochter. Laras Reitferien konntest du nicht bezahlen, weil du angeblich so knapp bei Kasse bist. Aber einen Glücksspieler aushalten, das kannst du?

Ich halte niemanden aus, sage ich. Und vor allem halte ich dieses Verhör nicht aus. Wie komme ich dazu?

Mama, wir wollen doch nur, dass es dir gut geht, sagt meine jüngere Tochter besänftigend, mit heuchlerischem Wohlwollen in der Stimme, wir machen uns Sorgen um dich.

Um mich oder um euer Erbteil?

Sei nicht gemein, Mama, antwortet meine jüngere Tochter, das ist kränkend.

Fast entschuldige ich mich schon für meine Unterstellung, da zischt meine ältere Tochter wütend: Ich möchte jedenfalls nicht, dass du die Biedermeierkommode verscherbelst, damit du diesen Typ bei Laune halten kannst!

Ihre Schwester gibt ihr einen Stoß und verdreht die Augen.

Du hast falsche Vorstellungen vom Wert einer Biedermeierkommode, sage ich. Dafür ist heutzutage kein halbwegs ansehnlicher Heiratsschwindler zu kriegen.

Sehr witzig, knurrt mein Schwiegersohn. Aber jetzt im Ernst:

Um wie viel geht es? Wie viel will er, was hast du ihm gegeben? Ich weiß, du hast nicht viel. Gerade deswegen solltest du deine Notgroschen beisammenhalten.

Ich schweige. Ich schweige so bedeutungsvoll, dass sie mein Schweigen sofort als Eingeständnis durchschauen. Ich habe meine Notgroschen also geopfert!

Geschrei, Gezeter, Vorwürfe. Ich sage nichts mehr. Wie betäubt lasse ich ihr Gekreisch über mich ergehen. Irgendwie gelingt es mir schließlich, sie zur Tür hinauszubugsieren.

Was ist denn los, mein Lieber?, fragte ich Martin. Und es kam wie befürchtet. Ich hatte an Koks gedacht oder an schlimmere, kostspieligere Drogen (ich kenne mich auf diesem Markt nicht aus), aber es waren Spielschulden. So oder so: wie banal. Die banale Geschichte einer Sucht. Roulette, Karten, Wetten, die ganze Palette. In österreichischen und deutschen Casinos mittlerweile gesperrt. Aktuell Verluste beim Pokern.

Ich hörte zu und hoffte, dass er unsere Freundschaft nicht aufs Spiel setzen würde. Ich glaubte an unsere Freundschaft. Ich glaube noch immer daran. Ich bin nach wie vor überzeugt, dass er sich nicht aus taktischen Überlegungen an mich herangemacht hat. Ich hielt und halte die freundschaftliche Zuneigung, die er mir entgegenbrachte, für echt. Aber natürlich war die Sucht stärker.

Könntest du?, fragte er. Würdest du? Wenigstens nur ein paar hundert. Ich zahle sie dir auch zurück.

Die Enttäuschung darüber, dass er es nicht fertiggebracht hatte, unsere Freundschaft über seine Gier zu stellen, obwohl er wusste, wie schwer ich mein bisschen Geld verdiene, ließ mir, so dachte ich, nur zwei Möglichkeiten offen: bittere Resignation oder Zorn. Erstaunlicherweise und ohne mein Zutun entschied sich etwas in mir für eine dritte Reaktion: Ich fühlte mich plötzlich seltsam leicht und von allen Verpflichtungen befreit. Sein rücksichtsloser Versuch, mich anzupumpen, war, als würde mir eine Chance offeriert, diese endlose Kette von Appellen an meine Hilfsbereitschaft, an mein Verantwortungsgefühl, an meine, nennen wir es ruhig so, Selbstlosigkeit mit einem einzigen Schnitt zu durchtrennen.

Erbarmungswürdig sah er aus mit seinem bettelnden, unglücklichen Blick. Aber ich fühlte kein Erbarmen.

Nichts für ungut, sagte er, nachdem ich ihm seine Bitte abgeschlagen hatte. Nichts für ungut. Ich hoffe, du nimmst es mir nicht übel, dass ich dich gefragt habe.

Wäre er der berechnende Mistkerl, als den ihn meine Töchter und mein Schwiegersohn sehen, hätte er sich jetzt mit irgendeiner gemeinen Bemerkung revanchieren müssen. Aber nein: *nichts für ungut*. Ich rufe dich dann wieder an, sagte er. Sobald es sich ausgeht.

Ich schüttelte den Kopf. Lieber nicht, erwiderte ich, obwohl ich ziemlich sicher war, dass er ohnehin nicht anrufen würde.

Meinen Kindern gönne ich es, dass sie sich jetzt aufregen. Voll hilflosem Zorn werden sie hin und her überlegen, um wie viel Geld mich der von ihnen so genannte Witwentröster gebracht haben kann. Sollen sie rätseln. Sollen sie sich ärgern. Sollen sie mich idiotische Alte schimpfen. So sehen sie mich offenbar ohnehin, und wenn das so ist, dann sollen sie ruhig ein bisschen dafür büssen.

Sie haben allen Ernstes angenommen, dass ich bereit bin, mir Zuneigung und Freundschaft teuer zu erkaufen. Sie haben gedacht, etwas anderes bleibt mir gar nicht übrig. Sie haben es nicht für möglich gehalten, dass jemand meine Gesellschaft sucht, ohne dabei einen materiellen Nutzen im Auge zu haben.

Dafür strafe ich sie, indem ich sie im Ungewissen lasse, wie viel Geld ihnen möglicherweise durch die Lappen gegangen ist. Geld regiert die Welt. Ich regiere mit fiktivem Geld. Ich quäle sie, indem ich ihnen eine virtuelle Summe vorenthalte, und es macht mir geradezu Spaß. So wie andere ihre Nachkommen mit der Aussicht auf ein Erbe domptieren, wehre ich mich gegen die Anmaßung meiner Nachkommen durch den angeblichen Entzug eines Erbes, dessen Umfang sie nicht kennen. Sie sind beunruhigt, und es geschieht ihnen recht.

Mein Handy quäkt. Alberto. Er ruft an als besorgter Vater seiner Töchter, die ihm berichtet haben, dass ich Anzeichen von Demenz zeige.

Haben sie das gesagt?, frage ich. Dass ich dement bin?

Nein, natürlich nicht. Nicht so. Sie haben gesagt, das du dich sonderbar verhältst und dass ihnen das Angst macht.

Na sowas! Auf einmal kümmert sich Alberto um die Ängste seiner Töchter! Wo warst du, Alberto, als sich deine Kinder geängstigt haben, weil sie allein zu Hause bleiben mussten, bis ich vom Spätdienst kam? Ich frage ja nur.

Alberto sagt, dass es keinen Sinn habe, jetzt alte Rechnungen aufzumachen. Er rufe mich lediglich an, weil er wissen möchte, ob er helfen kann. Beziehungsweise, weil ihn seine Töchter um Hilfe gebeten haben.

Wobei?, frage ich.

Er sagt, er werde nicht tatenlos zusehen, wie ich einem Gigolo Geld hinterherwerfe, das eigentlich seinen Töchtern und seinen Enkeln zusteht.

Ich bin kurz sprachlos. Dann fasse ich mich und sage, was mir als Einziges dazu einfällt. Fick dich, Alberto, sage ich.

Eine Frau in meinem Alter, und eine solche Sprache! Alberto ist schockiert, er versteht jetzt, dass sich seine Töchter ratlos an ihn gewandt haben. Ob ich weiß, dass die Möglichkeit besteht, Personen, die nicht mehr in der Lage sind, ihre Agenden vernünftig wahrzunehmen, amtlicherseits ...

Du drohst mir mit Entmündigung?, frage ich.

Alberto sagt, das sei ein überholter Ausdruck. Aber wie es scheine, brauche ich vielleicht Unterstützung bei der Bewältigung mancher Aufgaben.

Zuerst will ich ihm ins Gesicht lachen, doch dann fällt mir – gerade noch rechtzeitig – ein, dass ich vorsichtig sein sollte. Alberto ist Neurologe und Gerichtssachverständiger, ich muss mich vor ihm in Acht nehmen.

So ruhig wie möglich erkläre ich ihm, dass kein Grund zur Besorgnis bestehe. Weder würde ich einem Gigolo Geld hinterherwerfen, noch sei ich der Bewältigung meines Alltags nicht gewachsen.

Ach ja?, sagt Alberto. Er klingt nicht überzeugt.

Aber fürs Erste beenden wir unser Gespräch. Ich lehne mich zurück und zucke schmerzerfüllt zusammen. Etwas Hartes hat sich in meinen Rücken gebohrt. Ich drehe mich um und untersuche das Sofa. Aus dem Spalt hinter den Sitzkissen taucht ein Miniatur-Feuerwehrauto mit ausgefahrener Drehleiter auf. Mein jüngster Enkel hat die Angewohnheit, kleinteilige Spielsachen in den Tiefen des Sofas zu vergraben. Manchmal gibt es sie nach einer Weile von selber frei, sie wandern dann an die Oberfläche wie Leichen, die von einem abtauenden Gletscher ausgespuckt werden.

Ja, ekelhafter Vergleich. Ich sollte ihn nie vor Alberto ziehen, sicher würde er etwas Pathologisches daraus ableiten.

Ich lasse meinen Blick durch mein Wohnzimmer wandern und versuche, es mit fremden Augen – zum Beispiel denen von Alberto – zu sehen. An einer Wand stapeln sich Umzugkartons. Meine ältere Tochter renoviert ihre Küche, bei mir ist ihr Zwischenlager. Überall Spielzeug. Auf dem Couchtisch liegt eine angefangene Collage samt Zubehör, ich darf sie nicht wegräumen, ehe meine Enkelin sie fertiggestellt hat. Der Fußboden zerkratzt. Die Vorhänge ausgebleicht. (Wer hat denn heutzutage noch Vorhänge?, fragen meine Töchter spöttisch, an ihren Fenstern hän-

gen Raffrollos.) An der Decke ein Fleck, von einem Wasserscha-
den in der Wohnung darüber. Ich sollte längst ausmalen lassen.

Messie!, höre ich Albertos Kollegen sagen, denjenigen, den er
mir auf den Hals hetzen wird, wenn ich mich ungeschickt ver-
halte. Oder diejenige. Vielleicht schickt Alberto ja auch eine Kollegin. Das würde ihm bestimmt gefallen, wenn mir eine andere
Frau – ebenfalls Mutter und zumindest potenzielle Großmutter,
aber, im Gegensatz zu mir, eine, die ihr Leben im Griff hat – Un-
fähigkeit bescheinigte.

Im Griff. Irgendwo da draußen flattert mein wirkliches Leben
herum. Ich sollte es zu fassen kriegen, ehe es zu spät ist.

High Society

—

Als Maggie Carl heiratete, wurde gesagt, sie hätte auch eine Telefonzelle genommen, wenn nur genügend Geld drin gewesen wäre. Damals gab es noch Telefonzellen. Heute ist Maggie alt und Carl ist tot. Wie Anouk, die ihn geliebt hat. Ja, sicher, auch Anouk hat Carl nicht bloß um seiner selbst willen geliebt. Oder vielmehr, sie liebte eben Carl, wie er war. Wer wäre denn Carls Selbst gewesen, ohne seinen Ruhm und sein Geld? Aber Anouk liebte ihn mehr als Maggie.

Anouk war schön, eine dunkle, grazile, biegsame Schönheit, exotisch irgendwie. Carl suchte den Gegensatz zu sich selbst. Carl war blond, groß, breitschultrig, athletisch, germanisch. Maggie sah aus wie Anouk, nur nicht ganz so schön und nicht so exotisch. Anouk war eine Orchidee, Maggie ein Gartengewächs.

Carl ist heute noch eine Legende. Ich könnte sagen, ich habe ihn persönlich gekannt, aber das würde falsche Vorstellungen wecken. Ich bin ihm gelegentlich begegnet. Maggie lebte mit ihm. Ich nicht. Ich war das Kind, das Maggie mit in die Ehe gebracht hatte. Maggies dunkle Schönheit ist nicht auf mich übergegangen, ich war stämmig, mit roten Wangen, blonden Zöpfen, geheimnislos, und bin es bis heute, wenn man davon absieht, dass meine Haare grau geworden sind. Man hätte meinen können, ich sei Carls Tochter, nur dass Carl ein imponierendes Mannsbild war und ich ein plump geratenes Mädchen mit prächtigen, furchterregend gesunden Zähnen, zum Zubeißen und Zermalmen geschaffen. Das hat sich leider geändert, mittlerweile brauche ich Brücken und Implantate.

Ich war nicht Carls Tochter, mein Vater war aber vom gleichen Typ, nur nicht berühmt, nicht so eindrucksvoll, mehr massig als athletisch und vor allem geschäftlich ein Versager, weshalb Maggie ihn verließ. Später kam er wieder auf die Beine, doch da hatte Maggie schon Carl an Land gezogen.

Carl hatte drei Ehen hinter sich, eine davon mit Anouk, als er Maggie heiratete – die ich nie Mutter nannte oder Mama oder Maman, von Mami ganz zu schweigen –, und für Maggie war er das große Glück. Für mich war es egal, ich lebte ohnehin in einem Internat. Für Maggie war er das große Glück, weil er ihr einen Lebensstil bieten konnte, den sie an der Seite meines Vaters vergeblich ersehnt hatte, Carl besaß Häuser und Wohnungen an allen Orten, die von den Reichen und Schönen damals frequentiert wurden, eine Villa an der Côte d'Azur, ein Appartement in Paris, ein Chalet in Gstaad, eine Stadtwohnung in Rom, und er verkehrte mit allen, die in der Filmwelt Rang und Namen hatten. Die Filmwelt war damals noch Glanz und Glamour, alle Mädchen träumten davon, Filmstar zu werden, und Maggie hatte einen geheiratet. Maggie und Carl zogen von einer Party zur anderen, sie lebten praktisch auf Partys, zumindest war das der Eindruck, den man aus Zeitungen und Illustrierten gewann, und da auch ich Maggie und Carl vorwiegend in Zeitungen und Illustrierten sah, war das exakt mein Eindruck von ihrem Leben.

Es gibt ein Foto von Maggie und mir am Pool vor Carls Villa an der Côte, ich sehe aus wie ein semmelblonder Boxer (ich meine den Hund, nicht den Sportler) neben der langbeinigen Maggie mit dem Bronzeteint – man hätte meinen können, das habe ihr gefallen, sie so schön und ich so hündisch unbeholfen, doch nein, sie hätte sich wohl lieber mit einem dekorativeren Kind geschmückt, denn danach lehnte sie die Inszenierung von Heile-

Familie-Bildern ab. Vielleicht befürchtete aber auch Carl, dass Heile-Familie-Fotos nicht zu seinem Image als germanischer Haudegen passten. Anouk kannte ich ebenfalls von Zeitungsfotos, lange, ehe Maggie Carl auftat. Nein, *lange* stimmt nicht, denn wenn ich heute nachrechne, dann vergingen keine zwei Jahre zwischen den Skandalen, über die die Zeitungen berichtet hatten, und Maggies Hochzeit mit Carl, aber ich war ein Kind damals, und für Kinder sind zwei Jahre eine lange Zeit. Die Skandale bestanden darin, dass Anouk Carl regelmäßig in Nachtlokalen ohrfeigte, weil er anderen Frauen zu tief in den Ausschnitt geschaut hatte, worauf Carl meistens zurückschlug. Die Presse fand Anouks Benehmen mehrheitlich unangebracht, ich hingegen war ganz auf ihrer Seite. Dass Carl ein Auge für andere Frauen hatte, statt ihr zu Füßen zu liegen, schien mir ungehörig und empörend. Obwohl ich ein Kind aus promiskuitiven Kreisen war, glaubte ich an die monogame Ehe. Maggie und Carl ohrfeigten einander übrigens nie, zumindest nicht öffentlich, und bis heute nehme ich es Carl übel, dass er Maggie anscheinend weniger Grund zur Eifersucht lieferte als Anouk. Ich war für monogame Verhältnisse und trotzdem gönnte ich es Maggie nicht, dass Carl ihr anscheinend treu war. Das hatte sie meiner Meinung nach nicht verdient, schon gar nicht, wo sich Anouk, die es in meinen Augen verdient hätte, mit Carls Untreue hatte herumschlagen müssen. Warum sich Carl bei Maggie handzahm verhielt, ist mir bis heute ein Rätsel. Vielleicht, weil sie sein Geld mehr liebte als ihn? Das bewahrte sie davor, sich Carl so sehr auszuliefern, wie Anouk es getan hatte. Anouks Hingabe hatte Carl dazu gebracht, ihre Liebe achtlos mit Füßen zu treten. Bei Maggie war nicht genug Liebe da, um derart verschwenderisch damit umzugehen. Das denke ich mir jetzt, aber vielleicht liege ich auch falsch damit, ich weiß es nicht.

Eines Tages, Carl war schon mit Maggie verheiratet, schrieb ich Anouk einen Brief aus dem Internat. Es war mir gelungen, ihre Adresse in Genf ausfindig zu machen. Ich schrieb, dass ich Maggies Tochter sei, aber nicht bei ihr leben dürfe, und Anouk gerne kennenlernen würde. Vermutlich war der ganze Brief ein schwärmerisches, kindliches Gestammel, doch er muss Anouk gerührt haben, sonst hätte sie nicht darauf reagiert. Sie rief mich gleich an, nachdem sie den Brief gelesen hatte, was Wochen später war, denn Anouk reiste viel herum und ließ sich ihre Post nicht immer nachschicken. An einem der nächsten Nachmittage holte sie mich dann ab, in einem langhaarigen Pelz, wie auf einer Wolke schwebte sie herein, aus der Pelzwolke ragte ein schlanker Hals, und im Nacken war das dunkle Haar zu einem Ballerinenknoten gewunden. Sie fuhr mit mir nach München (das Internat lag am Starnberger See), zum Schokoladetrinken, ich bekam Ausgang bis zum Abendessen. Zwei Stunden lang hing ich in der Lobby des Hotels Vier Jahreszeiten anbetend an ihren Lippen, sie sagte nicht viel, aber mir genügte es, in ihr schönes Gesicht zu schauen, ähnlich dem meiner Mutter, nur weicher, ovaler, ohne die kantigen Kieferknochen, an denen man meiner Mutter ihre Zielstrebigkeit schon auf den ersten Blick ansah. Anouk erkundigte sich nach Carl, ich musste zugeben, dass ich nicht mehr von ihm wusste als sie. Von da an sah ich Anouk regelmäßig, nicht sehr oft, aber immer wieder.

Anouk war eine tragische Figur, nicht nur, weil sie Carl verloren hatte, sondern auch, weil sie kinderlos geblieben war. Kinderlosigkeit galt damals gemeinhin als Makel, die Frau des Schah von Persien hatte ein paar Jahre zuvor den Hof verlassen müssen, weil sie ihm keinen Stammhalter schenken hatte können. Obwohl meine Eltern mir nicht vermittelten, dass sie mich als Glück empfanden, hielt ich Kinderlosigkeit für ein Unglück. Ich dachte nicht darüber nach, was Anouk mit einem Kind von Carl wohl anfangen würde, für mich stand einfach fest, dass

Anouk bedauernswert, weil ohne Nachkommen war. Dass sie mit einem neuen Mann Mutter werden könnte, zog ich nicht in Betracht, dafür schien mir Anouk nicht jung genug. Sie muss damals acht- oder neununddreißig gewesen sein. Ich hielt sie für höchstens dreißig, dachte aber, dass man mit dreißig übers Alter zum Kinderkriegen hinaus sei.

Außerdem konnte ich mir nicht vorstellen, dass sie jemals einen anderen Mann lieben würde als Carl. Die leidenschaftliche Eifersucht, mit der sie ihn geohrfeigt hatte, war für mich ein klarer Beweis, dass sie Carl nie würde vergessen können. Obwohl Scheidungen, Wiederverheiratungen und erneute Trennungen rund um mich an der Tagesordnung waren, glaubte ich an die eine, einzige große Liebe im Leben jedes Menschen. Und tatsächlich hat mich Anouk in dieser Hinsicht nicht enttäuscht. Nie hat sie mich mit einem neuen Mann konfrontiert.

Zu behaupten, dass sich Anouk mütterlich um mich gekümmert hätte, wäre stark übertrieben, aber ich war mit mütterlicher Zuwendung nicht verwöhnt, meine Ansprüche in dieser Hinsicht waren bescheiden, und so empfand ich das, was ich von Anouk bekam, bereits als, na ja, als nahezu mütterliche Fürsorge. Anouk war mir mehr Mutter als Maggie, zumindest aus meiner damaligen Sicht. Beide holten mich gelegentlich für einen Nachmittag aus dem Internat, zum Schokoladetrinken oder Shoppen, aber während Maggie dabei immer strapaziert wirkte, als sei das Zusammensein mit mir Schwerarbeit, war Anouk entspannt und liebenswürdig. Außerdem sah sie kommentarlos über die Kuchenmengen hinweg, die ich verdrückte, während Maggie schon litt, weil ich heiße Schokolade bestellte statt Evian mit einer Zitronenscheibe wie sie. Hatte sie nicht kapiert, dass auch Evian mit Zitrone keine Sylphide aus mir machen würde? Ich war nicht gewillt, Maggies angewidertes Gesicht, mit dem sie mir zuschaute, wie ich Scones mit Clotted Cream in mich hineinschaufelte, als mütterliche Sorge um meine Gesundheit einzustufen, nach meiner Auslegung ging es ihr nicht um mein Wohlergehen, sondern lediglich darum, dass ich ihren ästhetischen Ansprüchen nicht genügte. Und vielleicht fragte sie sich ja auch, wie der dicke, pausbäckige Trampel, der ich für sie war, einmal auf dem Heiratsmarkt vermittelt werden sollte. Für Maggie gab es nur eine Karriere, die bei Frauen zählte: die Ehe mit einem vermögenden, gesellschaftlich angesehenen Mann. Für Anouk übrigens ebenfalls. Auch meine Internatskolleginnen wurden dafür erzogen, keine von uns träumte davon, sich künstlerisch oder wissenschaftlich zu profilieren, das eine wie das andere hatte in unseren Elternhäusern keinerlei Stellenwert, wo wir herkamen, war Geld wichtig und danach lange nichts, und der Stellenwert von Frauen errechnete sich aus ihrer Tauglichkeit zur Trophäe. Die reichen Erbinnen durften es an Schönheit ein wenig fehlen lassen, doch diejenigen mit dem bescheideneren Familienvermögen taten gut daran, ihr Aussehen mit allen Mitteln zu optimieren.

Ich war keine reiche Erbin. Carl und Maggie lebten verschwenderisch, und sollten sie einmal etwas zu vererben haben, würde es nicht unbedingt mir zugutekommen. Mein Vater hatte sich zwar geschäftlich wieder gefangen, aber abgesehen davon, dass er mit seiner neuen Ehefrau drei Kinder gezeugt hatte, die dereinst mindestens so erbberechtigt sein würden wie ich, war er weit davon entfernt, als Krösus zu gelten. Ich konnte es mir also nicht leisten, ein dralles, fette Cremes in sich hineinlöffelndes Monstrum zu sein, und ich glaube, die selbstzerstörerische Dummheit, mit der ich mich darüber hinwegsetzte, ließ Maggie so angewidert schauen. Sie selber war äußerst diszipliniert, ihr straffer Bauch, ihre hervortretenden Wangenknochen im fettlosen Gesicht, ihre dünnen Arme mit der gespannten Haut, ihre sich deutlich abzeichnenden Schlüsselbeine, knöcherne Beweise eleganten Untergewichts, zeugten vom eisernen Einhalten einer spartanischen Diät und exzessiven Quälereien an Fitnessgeräten (später kamen noch alle möglichen OPs dazu). Maggie tat etwas für ihr Geld. Den Champagner, den sie sich abends scheinbar sorglos in die Kehle goß, arbeitete sie am Morgen auf dem Zimmerfahrrad und mit Hanteln wieder ab.

Ich hingegen genoss in jenen frühen Teenagerjahren das Essen ohne Reue und ohne Bußbereitschaft, kein Wunder, dass Maggie beunruhigt war. Auf ihre Art hatte sie wahrscheinlich wirklich das Beste für mich im Sinn, dass ich es nicht einsah, machte ihr zu schaffen.

Erst etwas später entdeckte ich die segensreiche Wirkung der Bulimie, deren Namen wir damals noch nicht kannten, und, vor allem, der Amphetamine, die einem das eklige Erbrechen ersparten und stattdessen den Appetit auslöschten beziehungsweise durch euphorische Betriebsamkeit ersetzten.

Nachdem ich auf Weckamine gekommen war, wurde ich dünn und knochig wie Maggie, doch ihre perfekten Proportionen blieben mir weiterhin versagt. Maggie war langbeinig, mit schmaler Taille zu sanften Kurven, ich blieb auch dünn vierschrötig und untersetzt. Meine Pausbacken wichen Hohlwangen, mein Oberkörper sah mitleiderregend ausgemergelt aus, doch von der Mitte abwärts war ich unabänderlich breit und ausladend, mit dicken Beinen. Ich betrachtete mich im Spiegel und taxierte mich wie käufliches Fleisch, diesen Blick hatte man uns antrainiert, wir alle, ich und die Mädchen um mich herum, betrachteten uns – und einander – mit brutaler Schonungslosigkeit, und wenn unser Anblick den geltenden Ansprüchen nicht genügte, trübten wir unseren allzu klaren Blick mit Alkohol.

Carl zahlte später zähneknirschend für meine Aufenthalte in Entzugskliniken, was insofern passte, als es Anouk gewesen war, die mich mit Appetitzüglern bekannt gemacht hatte. Ohne Carl hätte ich Anouk nie kontaktiert, also fiel sie irgendwie in Carls Verantwortungsbereich. Sollte er doch löhnen für ihre Schuld, selbst wenn er nicht wusste, dass Anouk den Grundstein zu meiner Abhängigkeit gelegt hatte.

Ich glaube nicht, dass sie mir etwas antun wollte. Sie sah bloß, wie ich mich quälte mit meiner Fresslust und meinem Kummer über deren Folgen, also sagte sie eines Tages: Versuch es doch einmal damit!, und schob mir eine Packung zu. Hätte sie es nicht gemacht, hätte es jemand anderer getan, alle figurbewussten Frauen griffen damals früher oder später dazu, das Zeug war zwar rezeptpflichtig, doch wer wollte, konnte es sich beschaffen.

Kurz danach wurde mir der Umgang mit Anouk verboten, aber aus einem anderen Grund; dass ich gerade anfing, mein überschüssiges Fett mit Drogen zu bekämpfen, wussten weder Maggie noch Carl. Die beiden fanden es jedoch unpassend, ja geradezu verräterisch von mir (was es ja vielleicht auch war), dass ich mich mit Anouk traf, die Carl so viel Ärger bereitet hatte und über Maggie so viele Lügen verbreitete.

Lange hatten Maggie und Carl nichts von meiner – wie sie es nannten – verschwörerischen Freundschaft mit Anouk gewusst. Sie hätten sich fragen können, wie es dazu kam, dass sich mein Leben auf einem Planeten abspielte, von dem sie keine Ahnung hatten. Aber statt über ihr mangelndes Interesse an mir nachzudenken, warfen sie mir vor, ich hätte sie heimlichtuerisch hintergangen, so geschickt, dass sie es nicht früher gemerkt hätten.

Beim Ordnen meiner Kontoauszüge stoße ich auf die Rechnung für die roten Rosen. Ich lasse das Geld jährlich überweisen. Und immer, wenn ich den Beleg dafür sehe, empfinde ich eine böse, kleine, heimliche Freude.

Aus dem Nebenzimmer ruft Maggies dünne Greisinnenstimme. Nach wie vor will sie ständig Beachtung und Aufmerksamkeit, jetzt, da ihr Publikum so sehr zusammengeschrumpft ist, verlangt sie mehr denn je danach, als sollten die Pflegerinnen und ich kompensieren, dass kein Hahn mehr nach ihr kräht.

Nach Carls Tod riss sich die Presse noch um sie, in zahlreichen

Interviews redete Maggie über ihn, sein Leben, sein Leben mit ihr (darüber vor allem), über die große, einmalige Liebe, die sie füreinander empfunden hätten, und darüber, um wie viel mehr Carl sie geliebt habe als alle seine anderen Ehefrauen und Geliebten. Sie werde Carl bis ans Ende ihrer Tage vermissen, sagte Maggie, aber auch, dass sie seine Gegenwart nach wie vor spüre und immer spüren werde. Das Übliche halt. Es fehlte nicht viel, und man hätte sich Carl als riesigen, hünenhaften Schutzengel vorgestellt, mit mächtigen Schwingen an seinem Rücken und einem albernen Heiligenschein um den massigen Kopf, wie er Maggie überallhin folgte, einem dressierten Adler gleich. Adler? Nein, wie ein überdimensionierter Andencondor. Oder ein Wanderalbatros. (Ich habe nachgesehen. Das sind so ziemlich die größten Vögel, die es gibt.) Wie auch immer, Maggies Geplapper machte aus Carl, dem gewaltigen Haudegen des internationalen Films, eine Art X-Large-Maskottchen.

Anouk war zu diesem Zeitpunkt schon tot, und ihr Grab in St. Paul de Vence schmückten täglich frische, rote Rosen. Eine Zeit lang rätselte die Presse, von wem die Rosen seien, und selbstverständlich tippte man auf Carl, auch wenn Maggie es wütend bestritt. Carl konnte nichts dazu sagen, weil er nach einem Schlaganfall weder das Sprechen noch das Lesen wieder erlernt hatte. Ob er imstande war, den Nachrichten im Fernsehen zu folgen, wussten wir nicht.

Als die Blumen nach Carls Tod weiterhin eintrafen, setzte sich in den Zeitungen die Annahme durch, Carl habe über seinen Tod hinaus für den Rosenschmuck auf Anouks Grab gesorgt. Anouk, wurde geschrieben, sei wohl Carls wirkliche große Liebe gewesen, oder zumindest habe er nie aufgehört, sie ebenfalls zu lieben, und auf jeden Fall habe er sich nicht verzeihen können, was er ihr angetan hatte. Maggie schäumte, wenn sie so etwas las, ich äußerte mich nicht dazu. Ohnehin ging Maggie davon aus, dass ich ganz auf ihrer Seite war. Maggie war und ist mir zwar keine Mutter, aber das hindert sie nicht, in mir eine ergebene Tochter zu sehen.

Die Gärtnerei, die den Auftrag hat, die Rosen zu liefern, hielt dicht, und das tut sie bis heute. Keine Auskünfte über den Auftraggeber.

Zu unserem letzten Treffen in meiner Internatszeit erschien Anouk in einem dottergelben Zweiteiler. Er sah aus wie die Kleider, die Hubert de Givenchy damals für Audrey Hepburn entwarf – Anouk trug ein kurzes Jäckchen mit großen Knöpfen und einem Stehkragen, der ihrem Schwanenhals schmeichelte, dazu einen graziös ausgestellten, knapp knielangen Rock.

Das Internat teilte ihr auf Weisung von Maggie mit, dass ihre Besuche nicht mehr erwünscht seien, und schon gar nicht bekäme ich Ausgang, um sie – wohin auch immer – zu begleiten. Man erlaubte ihr aber, sich von mir zu verabschieden (was bestimmt eine Entscheidung der Internatsleitung und keine von Maggie war).

Es tut mir sehr leid, Chérie, sagte Anouk, aber da können wir nichts machen. Jetzt werde einmal erwachsen, und dann sehen wir weiter.

Sie berührte mit ihrer behandschuhten Rechten meinen Arm, leicht, flüchtig, als wolle sie mir keinesfalls zu nahe treten (bisher hatte sie sich immer mit einem in die Luft gehauchten Wangenkuss von mir verabschiedet), und entschwebte, eine Fee in Dottergelb, die mir kein Glück bringen durfte.

Ich lege den Ordner mit den Bankauszügen beiseite und gehe nach nebenan, wo Maggie in einem Lehnsessel sitzt. Sie ist geschrumpft, um fast fünf Zentimeter, sagt ihr Orthopäde, ihre Haut ist faltig, und ihre Haare sind dünn geworden. Sie besteht darauf, dass sie alle sechs Wochen gefärbt werden, kastanienbraun mit einem leichten Rotschimmer. Es sieht unnatürlich aus, aber der schmutziggraue Nachwuchs, der regelmäßig unter neuem Braun verschwindet, zeigt, dass mit ihrer natürlichen Haarfarbe nichts gewonnen wäre. Nach wie vor schminkt sie sich, Teintgrundierung, Lidschatten, Eyeliner, Wimperntusche, Lippenstift. Meistens sind Lidschatten und Eyeliner grotesk verschmiert, weil sie schlecht sieht und daher schon beim Auftragen patzt, und der Lippenstift versickert in den zahllosen Fältchen, die ihren Mund umgeben wie ein Spinnennetz.

Ich selber habe längst aufgehört, mit Schminke etwas in meinem Gesicht verbessern zu wollen. Ich bin daran gewöhnt, keine Schönheit zu sein, ich muss nicht verzweifelt gegen den Verlust eines betörenden Aussehens ankämpfen, weil ich nie betörend ausgesehen habe.

Vor ein paar Tagen wäre Carl hundertzehn geworden, wenn er es erlebt hätte. Keine Zeitung, kein Fernsehsender hat angerufen. Als er virtuelle achtzig wurde, haben sich die Medien noch bei Maggie gemeldet, und auch sein zwanzigster Todestag hat ihr Gelegenheit zu ein paar Auftritten gegeben. Maggie performte als Witwe, die Carls künstlerisches Erbe verwaltet, wenngleich niemand, sie eingeschlossen, sagen konnte, worin diese Verwaltungsarbeit bestand. Die Idee, Maggie hätte jemals etwas vom Film verstanden, taugte nicht einmal zum Gerücht. Maggie verstand etwas davon, Geld an sich zu raffen, und sie verstand viel vom Geldausgeben und dem Feiern luxuriöser Feste.

Was möchtest du?, frage ich Maggie. Maggie quengelt, dass ihr kalt sei. Na ja, das ist der europäische Winter, antworte ich, wir sollten längst in einer wärmeren Weltgegend sein. Wollen wir nach Mauritius fliegen? Oder nach La Réunion?

Du bist verrückt, sagt Maggie. Was das kostet. Denkst du, bei mir wächst das Geld?

Seit ihr das Reisen und das Festefeiern zu beschwerlich sind, sitzt sie auf dem Zaster. Vielleicht sind ihre Reserven aber auch wirklich knapp geworden. Ich weiß es nicht. Ich habe keinen Einblick in ihre Finanzen. Sie überweist mir eine bestimmte Summe als Wirtschaftsgeld, davon bezahle ich den Haushalt, ihre Pflege, meine persönlichen Ausgaben (die nicht zu hoch sein dürfen) und die roten Rosen für Anouk.

Nach dem Internat platzierte ich meinen dünn gewordenen Körper auf dem Heiratsmarkt, und tatsächlich fand sich ein Interessent. Ich kann mir rückblickend nicht mehr vorstellen, dass ich in Hellmuth verliebt war, aber er wird mir wohl gefallen haben. Ich wusste ja nicht, wie Verliebtsein und Liebe sich anfühlen sollten, Emotionen waren etwas, was Maggie in Zeitungsinterviews behauptete, aber irgendeine Art von konkretem Umgang damit hatte ich nicht gelernt. Ich glaubte an die große Liebe, von der ich überall las, doch blieb sie reine Theorie. Praktisch hatte ich keine Ahnung.

Dass ich mir einredete, Hellmuth sei meine große Liebe, erscheint mir jetzt unwahrscheinlich, aber wer weiß. Jedenfalls heirateten wir mit dem angemessenen Pomp, und Maggie schien erleichtert, mich vom Hals zu haben. Meine neue Schwiegerfamilie nahm mich reserviert auf, das befremdete mich nicht, ich kannte nichts anderes als Reservation.

Unsere Ehe ging bald den Bach runter. Hellmuth hatte sich von der Verbindung mit Carls Stieftochter wohl mehr Glamour für sich und unser Leben versprochen, als er bekam. Als er merkte, dass mir Tabletten und Alkohol lieber waren als Sex (zumindest Sex mit ihm), kam er sich erst recht betrogen vor. Hellmuth war ein grober Liebhaber, wie seine Vorgänger, romantische Verführer oder feinnervige Liebeskünstler habe ich nicht kennengelernt, die Männer in meinen Kreisen waren Jäger, Sammler und Konsumenten, sie schliefen mit Frauen so, wie sie tranken und Autos zu Schrott fuhren, rücksichtslos und nur auf ihr eigenes Image als wilde Kerle bedacht.

Hellmuth war von Beruf Sohn aus reichem Haus, er machte bei Autorennen mit (ohne jemals auf einem vorderen Platz zu landen), fungierte mit blödem Grinsen als Juror bei Misswahlen, verspielte Geld in Casinos und hatte sicherlich noch nie in seinem Leben ein ganzes Buch gelesen. Auch ich war alles andere als eine eifrige Leserin, aber gemessen an Hellmuth konnte ich als leidenschaftlicher Bücherwurm gelten.

Wir ließen uns scheiden und ich ging, wie ich gekommen war, als Tochter aus mäßig wohlhabenden Verhältnissen, denn das Geld, das Hellmuth ausgab, kam von seinem Vater, von ihm selbst war nichts zu holen. Einen Ehevertrag hatte ich nicht geschlossen, das war dumm, Maggie hätte mich darauf bringen können. Allerdings bezweifle ich, dass Hellmuths Vater bereit gewesen wäre, darauf einzusteigen.

Nach Hellmuth heiratete ich Jean-Luc, er war dreißig Jahre älter als ich und impotent nach einer Prostataoperation. Seine Kinder waren in meinem Alter und betrachteten mich mit Misstrauen. Mit Jean-Luc hatte ich einen Ehevertrag. Er sicherte mir ein bescheidenes Erbe, den Löwenanteil seines Vermögens sollten seine Kinder bekommen, was ich einsah. Ich verstand aber, dass sie mir trotzdem nicht über den Weg trauten.

Jean-Luc hatte mit seiner Potenz auch seine Libido eingebüßt, das war mir nur recht. Obwohl er physisch nach wie vor attraktiv war – groß, schlank, sehnig, trainiert, mit vollem, grauem Haar –, sehnte ich mich nicht nach erotischen Berührungen von ihm. Ich mochte ihn väterlich, beschützend, fürsorglich.

Das behagliche Leben mit ihm ließ mich auf meine Pillen verzichten, ich nahm wieder zu. Jean-Luc sah es mit Missfallen, er hatte mich geheiratet, um eine junge, halbwegs ansehnliche Frau herzeigen zu können. Nach außen hin wollte er nach wie vor als viriler Verführer gelten. Ein aus dem Leim gegangenes Hausmütterchen (ich hatte tatsächlich begonnen, mich um unseren Speisezettel zu kümmern und der Wirtschafterin Anweisungen zu geben) schadete seinem Ruf. Er schickte mich zum Abnehmen nach Sylt, in eine eigens dafür eingerichtete Kuranstalt. Ich hungerte untertags und betrank mich abends in den angesagten Bars, wo ich Männer traf, mit denen ich ins Bett ging. Von Liebe oder auch nur Zuneigung war nie die Rede, und niemand war auf eine Beziehung aus, es ging lediglich um Sex, der zu einer besoffenen Nacht einfach dazugehörte.

Klar, dass Jean-Luc es erfuhr, und klar, dass er es missbilligte. Mein Ehevertrag sah im Fall von Untreue keine Abfindung vor, das hätte ich bedenken sollen.

Ja, ich verstehe schon, dass mich Maggie als lebenslangen Klotz am Bein betrachtet. Nur eine einzige unüberlegte Entscheidung in der Jugend – ein Zugeständnis an die Konvention eigentlich, die von einer jungverheirateten Frau erwartet, dass sie Mutter wird –, und seitdem schleppt sie mich als eine nicht mehr loszuwerdende Bürde durch ihr Leben. Sie konnte mich auslagern (gegen hohe Kosten), sie konnte mir zeigen, dass ich ungeliebter Ballast war, aber was sie auch tat oder unterließ, es änderte nichts an meinem Vorhandensein.

Meinen dritten Ehemann, Tommy, hätte ich gern behalten, er war amüsant und charmant, aber ich verlor ihn nach ein paar Jahren an eine Turnierreiterin, deren Vater ein Vermögen mit Tiefgaragen gemacht hatte, und die ihm ein sorgloses Leben bieten konnte. Mit Tommy verbrachte ich eine vergnügliche Zeit, er war gewissenlos und ein begnadeter Spötter, neben ihm lief auch ich zu einer bescheidenen Hochform in der Kunst der pointierten Menschenverachtung auf. Ich habe ihn nicht wiedergesehen, nachdem wir geschieden waren. Theoretisch hätten wir einander über den Weg laufen müssen, praktisch konnten wir es vermeiden.

Anouk traf ich sporadisch. Meine schwärmerische Verehrung für sie hatte sich gelegt, aber ich besuchte sie gern, zuerst in Rom, wo sie eine Zeit lang wohnte, dann in Rabat, wohin sie übersiedelte, weil sie dort um weniger Geld auf einigermaßen großem Fuß leben konnte. Anouks Wohnsitze waren voll von Erinnerungsstücken – Vasen, Schälchen, Bilder (Kunst und Kitsch), Decken aus Seide und Kaschmir, orientalisch gemustert, Ringe, Broschen (teils wertvoll, teils vom Flohmarkt), die in den Schälchen herumlagen –, und alle erinnerten sie an Carl. Das hat mir Carl in Beirut geschenkt, sagte sie, oder: Das hat mir Carl in der Via Veneto in Rom gekauft, zur Versöhnung, nach einem Streit.

Als Carl und Anouk ein Paar waren, war Beirut noch eine elegante Stadt, das Paris des Nahen Ostens, und die Via Veneto ein Tummelplatz der Schönen und Blasierten, keine vergessene graue Straße wie heute.

Maggie zeigt ebenfalls gern Schmuckstücke her, die sie von Carl bekommen hat, prächtige Colliers, Ohrringe, Armreifen von noblen Juwelieren, und sie präsentiert sie stolz wie Orden, aber nie erzählt sie eine zärtliche Begebenheit dazu. Anouks Erinnerungskrimskrams war voll von kleinen Geschichten, und in jeder spielte Carl die Hauptrolle.

Wolltest du keine Kinder?, fragte ich Anouk einmal (da wusste ich schon, dass sie in ihrer Zeit mit Carl jung genug gewesen war zum Kinderkriegen), und sie antwortete: Ach nein, ich glaube nicht, ich hätte ja dann das Leben nicht führen können, das ich geführt habe.

Carl sei sehr besitzergreifend gewesen, erzählte sie, er hätte es nicht ertragen, seine Frau mit einem Kind zu teilen. Und beiläufig fügte sie hinzu, zweimal habe sie auf seinen Wunsch abgetrieben.

Deswegen wunderte ich mich, als Maggie später einmal behauptete, Carl hätte sich ein Kind von ihr gewünscht, sei aber nach einem Reitunfall in der Jugend zeugungsunfähig gewesen.

Wie es gewesen sei, Carl zum Stiefvater zu haben, wurde ich früher oft gefragt. Es wurde erwartet, dass ich eine Teenager-Schwärmerei für ihn beichtete. Aber ich war nie von Carls legendärem Charme fasziniert, weil Carl mir gegenüber nicht charmant war. Sein Charme war für schöne Frauen reserviert, und seine umwerfende Herzlichkeit galt den Bedeutenden oder Nützlichen, er gewann Regisseure, Produzenten, Kritiker, Politiker für sich, wenn er es darauf anlegte; mich für sich zu gewinnen, war weder interessant noch notwendig für ihn. Er fand mich langweilig wie alle Kinder, und die tiefe Gleichgültigkeit, die er mir entgegenbrachte, wirkte wie ein Rollbalken zwischen uns.

Manchmal fordert ja gerade Unzugänglichkeit dazu heraus, dass man einen Menschen für sich erobern möchte, aber Carls Desinteresse verhieß keine verborgene Zuneigung, die es erst freizulegen galt, seine Kälte war genau das und nichts anderes. Eigentlich fürchtete ich mich ein wenig vor seiner Unfreundlichkeit, schon deshalb war ich froh, dass unser Umgang ein äußerst eingeschränkter war.

Der dicke Mops, sagte er gelegentlich, wenn er von mir sprach und dachte, dass ich es nicht hörte, und Maggie kicherte, legte aber den Finger auf die Lippen, um ihm zu bedeuten, dass er leise sein solle. Der dicke Mops schaufelt schon wieder in sich rein, sagte er, ich erinnere mich gut daran, ich war zwölf und saß vor einer Cremeschnitte, die mir die Wirtschafterin hingestellt hatte. Ich aß sie, weil ich dachte, das werde von mir erwartet. Danach ließen sie mich mit einem Taxi ins Internat zurückbringen. Ich stellte mir vor, wie ich beim nächsten Besuch in eine von Carls Whiskyflaschen spucken würde, aber immer war ich zu feig, diesen Vorsatz auszuführen. Manchmal, wenn Maggie mich zwingt, mit ihr zu Carls Grab zu pilgern, male ich mir aus, wie ich ihr einen Stoß gebe, sodass sie stürzt und über dem Grabstein hängt wie ein Bündel Fetzen, aber ich weiß, dass ich mich nie trauen werde, sie wirklich zu stoßen, genauso wenig wie ich mich je getraut habe, in Carls Whisky zu spucken. Im Übrigen rafft sich Maggie schon seit Längerem nicht mehr dazu auf, Carls Grab aufzusuchen, nicht nur ist es ihr zu beschwerlich geworden, es interessiert sich auch niemand mehr dafür, wie sie trauert.

Das Wetter ist schlecht, aber Maggie besteht darauf, das Haus zu verlassen und im Café Fürstenhof Kaffee zu trinken. Von all ihren Immobilien hat sie nur die Villa am Rande der kleinen Kurstadt behalten, in der wir unsere Tage zubringen. Wir fahren durch grieselndes Schneetreiben vom Hügel mit dem Traumblick hinunter zum Kurpark, an dem das Café Fürstenhof liegt. Es dauert eine Weile, bis ich das Auto abgestellt, den Rollstuhl aufgeklappt und Maggie – im knöchellangen Nerz – darin verstaut habe. Ich lege eine Decke über Maggie samt Nerz und schiebe den Rollstuhl, so schnell es geht, zum Café. Entgegen meinen Erwartungen spart sich Maggie den Vorwurf, ich hätte zu weit weg vom Eingang geparkt. Normalerweise ist sie indigniert, dass sie sich wie ein ganz gewöhnlicher Mensch nach Halteverboten und Kurzparkzonen richten soll.

Das Fürstenhof ist bevölkert von alten Menschen, die Frauen sind deutlich in der Überzahl. Sie tragen Twinsets aus Kaschmir und dezente Brillantstecker in den Ohrläppchen, die alten Herren sind tadellos rasiert, ihre faltigen Hälse wachsen aus gut gebügelten Maßhemden. Im Café Fürstenhof sammelt sich das elegantere Publikum, die grobschlächtigen Gestalten in grellfarbiger Freizeitkleidung, die auf Anweisung der Kurärzte körperertüchtigende Kreise durch den Kurpark ziehen, sammeln sich danach in anderen Lokalen, vorzugsweise in einer der vielen Konditoreien, wo sie nachhaltig gegen ihre Diätauflagen verstoßen.

Wir sitzen bei Tee und heißer Schokolade, ich kämpfe schon lange nicht mehr gegen die Fettablagerungen auf meinen Hüften an. Maggie, das alte Gerippe, nippt an ihrem Darjeeling und sagt plötzlich etwas Erstaunliches. Sie fragt: Was wirst du machen ohne mich?

Wie meinst du das?, frage ich zurück.

Wenn ich einmal tot bin. Was wirst du machen?

Du lebst ewig, antworte ich. Ich meine es ernst. Sie wird mich überleben. Sie ist zäh. Ich bin fett.

Sie lächelt schief. Ich weiß, davor fürchtest du dich, sagt sie. Aber keine Sorge, so wird es nicht sein. Also?

Ich schweige.

Sie sagt: Ich frage aus reiner Neugier. Was wirst du machen, wenn du mich endlich los bist? Reisen?

Dazu hätte ich nicht das Geld.

Vielleicht hinterlasse ich dir mehr, als du glaubst.

Willst du, dass ich auf dein Ableben lauere?

Sie betrachtet mich. Ich nehme einen Schluck von meiner Schokolade. Sie schaut mich weiter an. Dann sagt sie: Du wirst mich vermissen.

Wenn du meinst. (Ausdruckslos.)

Doch. Wirst du. Und das tut mir leid.

Was? Dass ich dich vermissen werde?

Ja. Lass es bleiben.

Gut, sage ich spöttisch. Ich nehme es als Auftrag.

Sie bleibt ernst. Es ist mir wichtig.

Ich zeige auf ihre Teekanne. Möchtest du noch?

Sie nickt, und während ich ihr Tee nachgieße, sagt sie im Plauderton: Machu Picchu. An deiner Stelle würde ich mir als erstes Machu Picchu ansehen.

Ich denke mir: Was, wenn sie recht hat? Einmal, vielleicht bald, wird sie fort sein.

Inzwischen hat sie den Ring entdeckt, den ich heute trage, tippt darauf und sagt: Hübscher Ring. Von mir?

Unser übliches Ritual. Immer, wenn ihr ein Schmuckstück an mir auffällt, will sie wissen, ob sie es mir geschenkt hat. Üblicherweise sage ich Nein darauf, egal, ob es stimmt oder nicht, es sei denn, sie findet das Schmuckstück besonders hübsch, dann sage ich: von Anouk. Und, sobald sie die Lippen aufeinanderpresst: Tut mir leid. Du wolltest es wissen.

Nur wenn ihr etwas missfällt (Das ist ja scheußlich! Wieso trägst du so etwas?), antworte ich honigsüß: Das ist ein Geschenk von dir. Erinnerst du dich nicht?

Heute also der Ring. Ein alter, arabischer Siegelring aus Silber, mit einer Platte aus Carneol und Jaspis. Von mir?, fragt sie.

Entgegen aller Gewohnheit antworte ich: Ja, von dir. Den hast du mir geschenkt. Schön, nicht?

Komisch, ich erinnere mich gar nicht, sagt sie.

Kein Wunder. Der Ring ist, so viel ich weiß, aus einem Basar in Maskat. Maggie war nie in Maskat. Anouk hingegen schon.

Die Nachbarin

——

Daisy steht vor dem Gartentor der Nachbarin, mit einem Kuchen, der, wie sie hofft, als selbst gebacken durchgehen könnte, zumal seine Form beim Transport vom Supermarkt nach Hause etwas gelitten hat. Sie wird nicht extra behaupten, dass sie ihn selber gebacken hat, aber sie wird auch nicht ausdrücklich widersprechen, falls die Nachbarin zu diesem Schluss kommt. Neben ihr steht Amelie, den Hund haben sie daheim gelassen. Der Hund wurde eigentlich für Amelie angeschafft, damit sie mit einem Haustier aufwächst, was Daisys Ratgeberliteratur zufolge beglückend ist für ein Kind, aber es hat sich gezeigt, dass Amelie und der Hund nicht viel Freude aneinander haben. Andi meint, es liege vielleicht daran, dass der Hund noch klein ist, ein Hundebaby, und dass Amelie nicht alt genug ist, um mit einem Hundebaby umgehen zu können. Daisy findet inzwischen, es liege auch daran, dass der kleine Hund so groß ist, ein ungeschlachtes, tollpatschiges Tier, vor dem Amelie Angst hat, nicht ohne Grund, weil es sie trotz strenger Zurechtweisungen immer wieder ungestüm anspringt und umwirft.

Der Hund also daheim, im Haus eingesperrt. Daisy und Amelie mit Kuchen vor der Gartentür der Nachbarin. Daisy ist heiter zumute, sie freut sich darauf, die alte Frau mit ihrem liebenswürdigen Einstandsbesuch zu überraschen. Sie geht davon aus, dass sie ins Haus gebeten werden, zu Kaffee und Kakao. Warum sie das so sicher angenommen hat, weiß sie nachher nicht mehr. Daisy malt sich oft im Vorhinein aus, wie etwas sein wird, sie hat, sagt sie, einen sechsten Sinn für so etwas. Manchmal lässt er sie allerdings im Stich.

Daisy heißt eigentlich Lena, aber erstens hat ihr dieser Name nie sonderlich gefallen, und zweitens war sie eine von drei Lenas in ihrer Volksschulklasse (im Gymnasium kam eine vierte dazu, aber da hieß Daisy schon lange Daisy), deshalb will sie lieber Daisy gerufen werden. Daisy passt zu ihr. Sie ist klein, zierlich, frisch, liebenswert.

Als sie beim Hauskauf erfuhren, dass nebenan eine alte Frau wohnt, hatte Daisy sofort Bilder von einer wunderbaren Nachbarschaft im Kopf. Was konnte sich besser ergänzen als eine junge Familie und eine einsame Frau im Großmutteralter? Daisy steht alten Menschen wohlwollend gegenüber. Nicht so wie manche ihrer Freunde, die schimpfen, dass die Alten dem Staat auf der Tasche liegen. Hört auf, sagt Daisy immer streng zu denen, die Alten haben auch ihre Daseinsberechtigung. Ihre Freunde lachen dann nachsichtig, seit Langem gilt Daisy als harmoniesüchtig.

Auf ihr Leben auf dem Land ist sie freudig gespannt. Obwohl, Land stimmt nicht ganz, der Ort, in dem sie jetzt wohnen, ist nur eine halbe Autostunde von der Stadtgrenze entfernt, mit Schnellbahnanbindung und so, aber trotzdem. Daisy sieht dem Leben im Grünen erwartungsvoll entgegen.

Sie läutet. Gleich wird ihr eine kleine, weißhaarige Frau öffnen, ein bisschen rundlich, in einer Küchenschürze, sie wird nach selbst gemachten Keksen ausschauen und nach selbst eingekochter Marmelade, die sie ihnen künftig über den Gartenzaun reichen wird. Ihr entzückter Blick wird auf Amelie fallen, womöglich darf Amelie den Rest des Nachmittags bei ihr bleiben, und Daisy kann zum Friseur oder ins Shoppingcenter fahren, zur Abwechslung einmal allein.

Die Frau, die zum Gartentor kommt, ist zwar weißhaarig, aber groß, schlank und geschminkt, von einer Küchenschürze keine Spur, stattdessen trägt sie auffallende Ohrringe und ein elegantes Outfit. Daisy stellt sich als ihre neue Nachbarin vor und hält ihr den Kuchen entgegen. Die weißhaarige Frau öffnet die Tür und lässt sie in den Vorgarten. Das ist wahnsinnig lieb von Ihnen, sagt sie, während sie den Kuchen entgegennimmt, dabei schaut sie ungeduldig drein, das ist wirklich sehr lieb, aber ich kann Sie leider nicht hereinbitten, ich muss nämlich in die Stadt, ich bin schon spät dran.

Das war die erste Begegnung.

Seitdem ist es nicht besser geworden. Daisy hat sich sehr bemüht, diesen enttäuschenden Auftakt zu vergessen, um der guten Nachbarschaft eine Chance zu geben, aber alle ihre Bemühungen blieben erfolglos.

Die Nachbarin – Frau Bauer, sagte Daisy anfangs höflich, wenn sie von ihr sprach, mittlerweile heißt sie bei ihr und Andi nur noch die Bauer oder die Alte, aber daran ist sie selber schuld –, die alte Bauer bleibt eine distanzierte, egoistische Kuh ohne jede Hilfsbereitschaft. Gerade, dass sie mit Amelie gelegentlich ein paar Worte über den Zaun wechselt. Und die Hündin, Anka, tätschelt sie manchmal, wenn die sich an den Maschendraht drängt. Das war's dann aber auch.

Amelie ist ein Kind, dem alle Herzen zufliegen. Jedenfalls ist das Daisys und Andis Erfahrung. Die Alte müsste froh und dankbar sein für die Chance, Zeit mit ihr zu verbringen, nachmittags zum Beispiel, oder abends, wenn Daisy und Andi eingeladen sind oder ins Kino gehen wollen. Junge Eltern brauchen auch einmal eine Auszeit vom Elternsein, das könnte sie wissen. Ihre eigene Enkeltochter ist so gut wie erwachsen und wohnt in Deutschland (das hat Daisy von ihr erfragt), es wäre nur natürlich, wenn sie sich Ersatz suchen wollte und ihn in Amelie fände. Stattdessen redet sie sich dauernd auf irgendwelche Termine aus.

Was für Termine?, fragte Andi, das Wort spöttisch betonend, als Daisy ihm berichtete, dass sie Amelie vergeblich an die Nachbarstür geschickt hatte. Sie selber war in ihrem eigenen Hauseingang auf Posten gestanden, nachdem sie Amelie ermutigt hatte, nach nebenan zu gehen und zu läuten. Tante Karin freut sich bestimmt, wenn du sie einmal besuchst!

Dass Amelie die Alte Tante Karin nennen sollte, war der Vorschlag der Alten gewesen, nachdem sie die Anrede Oma schroff zurückgewiesen hatte.

Sag Oma Bauer guten Tag, hatte Daisy ein paar Tage nach ihrem Einzug zu Amelie gesagt, als sie die Alte am Gartenzaun trafen. Und die Alte hatte daraufhin an Amelie gewandt erklärt: Ich bin nicht deine Oma, aber sag einfach Tante Karin zu mir.

Damals hatte Daisy noch gehofft, dass die Alte die familäre Anrede irgendwie als Verpflichtung betrachten würde.

Nun läutete Amelie also bei Tante Karin an der Tür. Daisy findet es wichtig, dass Amelie kleine Übungen in Selbständigkeit absolviert, dies war eine davon. Die Alte kam heraus, Daisy hörte Amelie reden und hörte die Alte reden, aber sie verstand nicht, was die beiden sagten. Dann zog Amelie wieder ab. Die Alte sah herüber, Daisy winkte ihr mit sonnigem Lächeln zu und zog sich schnell in den Vorraum zurück. Amelie trabte herein und sagte: Sie sagt, sie hat keine Zeit.

Dass sie es übers Herz gebracht hat, ein kleines Kind einfach wegzuschicken, das begreife ich nicht!, empörte sich Daisy, als sie Andi davon erzählte. Das ist verantwortungslos. Man weiß nicht, was Ablehnung in einem kleinen Kind anrichtet.

Ich verstehe noch immer nicht, welche Termine sie hat, sagte Andi. Offensichtlich stieß er sich daran, dass die Alte sich anmaßte, ihrer Zeiteinteilung das Etikett beruflicher Notwendigkeit anzuheften.

Daisy zuckte mit den Achseln. Sie hält Vorträge, glaub ich. Angeblich war sie früher an der Uni, hat dort Linguistik unterrichtet oder sowas, und angeblich schreibt sie immer noch Beiträge für irgendwelche Fachzeitschriften.

Sie soll aufhören, sich wichtig zu machen, befand Andi. Diese Alten, die nicht loslassen können, sind eine Pest.

Daisy hat sich auf das Leben im Dorf und im eigenen Haus mit Garten gefreut, aber so ganz erfüllt es ihre Erwartungen nicht. Das Haus macht Arbeit, der Garten macht Arbeit, und ihre Freundinnen und Freunde machen sich rar. In der Stadt waren sie alle ein Haufen lustiger Kumpel, vor allem, ehe die Kinder kamen, und Daisy hat sich vorgestellt, dass die anderen gern zu ihr herausfahren und ihr sogar im Garten an die Hand gehen würden. Bei mir blühen die Marillen, postete sie, als die beiden Marillenbäume blühten, wer kommt und bewundert?

Als einzige kam Barbara, und sie lungerte faul im Liegestuhl herum, während Daisy zwischen Amelie, Anka und dem Kräuterbeet hin und her hetzte, das sie gerade anzulegen versuchte. Das Kräuterbeet ist noch immer nicht fertig, genau genommen ist es nur ein Erdhügel neben den Rosensträuchern, auf denen sich die Blattläuse rasant vermehren. Man müsste sie mit Brennnessellauge abwaschen, aber wer soll das machen? Unser Kräuterbeet existiert nur als Idee, sagt Andi immer lachend, aber weder hilft er beim Anlegen noch weicht er Brennnesseln ein, bald werden auch die Rosensträucher nur noch als Idee existieren.

Kommt Marillen ernten!, postete Daisy, als die Marillen reif waren, und zuerst posteten alle zurück, ja, wir kommen, aber am Ende kam niemand, und Daisy musste sich eingestehen, dass ihre Marillen als Lockmittel nicht taugten, ebenso wenig wie die Heckenschnittparty, zu der sie davor eingeladen hatte. Habe total schicke Gartenhandschuhe für euch gekauft, hatte sie gepostet, aber außer ein paar launigen Antworten traf nichts und niemand bei ihr ein.

111

Den jungen Müttern im Ort stehen deren Mütter zur Seite, sowie Väter, die Regenrinnen säubern, kaputte Schalter reparieren und etwas vom Vertikutieren verstehen. Andi und sie haben niemanden, der ihnen zur Hand geht. Andi ist den ganzen Tag im Geschäft und will sich am Wochenende ausruhen. Außerdem war er noch nie ein begnadeter Bastler.

Zur Alten nebenan kommt eine Putzfrau, jeden Donnerstag, sie räumt das Haus auf und kümmert sich um den Garten. Daisy schlenderte zum Zaun, als sie gerade die Gartenstühle abwischte, und fragte, ob sie auch bei ihr putzen würde. Die Putzfrau verneinte bedauernd. Kein freier Tag mehr übrig, leider. Auch kein freier halber Tag? Kopfschütteln. Und wenn ich Sie besonders schön bitte? Daisy legte den Kopf schief und setzte ihr bezauberndstes Klein-Mädchen-Gesicht auf. Es verfehlte seine Wirkung. Die Putzfrau blieb ungerührt. Wirklich, es geht einfach nicht.

Dann wissen Sie vielleicht jemanden ...?, fragte Daisy hoffnungsvoll.

Abermals Kopfschütteln. Daisy schaute weidwund. Die Putzfrau seufzte. Wenn ich erfahre, dass jemand eine Arbeit sucht, sage ich es Ihnen, versprach sie. Es hörte sich wenig glaubwürdig an.

Daisy beschloss, bei der Alten ein wenig Mitleid zu schinden. Daisy ist eine unverbesserliche Optimistin, immerzu vermutet sie weiche Kerne auch in noch so stacheligen Schalen. (Wenn das naiv ist, dann ist sie eben naiv. Lieber naiv als verbittert, sie will sich ihren Glauben an das Gute im Menschen nicht nehmen lassen.)

Die Alte nickte bestätigend, als Daisy ihr klagend die Absage der Putzfrau vortrug, von Vorgarten zu Vorgarten, wo die Alte gerade ihren Briefkasten leerte und Daisy so tat, als müsse sie ebenfalls nach der Post schauen, obwohl sie sie schon geholt hatte. Ja, ich weiß. Meine Frau Ivancic ist total ausgebucht. Und es ist nicht leicht, hier jemanden zu finden. Tut mir leid für Sie.

Tut mir leid für Sie. Das ist alles. Es tut ihr leid. Punkt. Bein-hart.

Hätte sie, fragte Daisy Andi am Abend, hätte sie nicht sagen können: Wissen Sie was, ich überlasse Ihnen meine Frau Ivancic jeden zweiten Donnerstag, ich brauche sie ohnehin nur alle vierzehn Tage?

Ach was, erwiderte Andi, wozu braucht die denn überhaupt eine Putzfrau? Ohne Kind, ohne Hund, die wird sich doch ihr bisschen Dreck selber putzen können.

Daisy und Andi kommen aus der Provinz, aber nicht vom Land. Sie wuchsen in gepflegten, wohlhabenden Kleinstädten auf. Andis Vater ist Notar, Daisys Eltern betrieben ein Delikatessengeschäft. Inzwischen ist Daisys Vater gestorben und ihr Bruder hat aus dem Laden ein Café gemacht. Daisys Mutter serviert darin, wenn sie sich nicht gerade um ihre Enkel kümmert, womit die Kinder von Daisys Bruder und die ihrer Schwester gemeint sind. Außer Daisy leben alle nach wie vor am selben Ort. Daisys Mutter ist voll ausgelastet.

Andis Eltern sind geschieden, sein Vater hat eine junge Freundin, mit der er die Welt bereist. Er war schon in Andis Kindheit kein Familienmensch. Andis Mutter arbeitet halbtags als Sekretärin und kümmert sich die restliche Zeit um den Sohn von Andis Schwester, die Alleinerzieherin ist.

Mit anderen Worten: Alle Oma-Ressourcen haben Daisys und Andis Geschwister an sich gerafft, ehe Daisy und Andi überhaupt an Fortpflanzung dachten. First come, first serve. Wer zuerst kommt, mahlt zuerst.

Leichtsinnig haben Andi und Daisy seinerzeit die Kleinstädte ihrer Kindheit und Jugend hinter sich gelassen, um in der Großstadt zu studieren, und das haben sie jetzt davon. Jetzt sitzen sie an der großstädtischen Peripherie fest, fernab von Amelies biologischen Großmüttern, die ansonsten vielleicht ja doch Zeit für sie erübrigen könnten. Eine Übersiedlung in die Nähe der Omas steht nicht zur Debatte. Daisy, die Design studiert hat und mittlerweile selbst entworfene und von ihr eigenhändig angefertigte Handtaschen übers Internet anbietet, könnte dieses Business zwar überall betreiben, aber Andis Karriere findet in der Großstadt statt. Wobei: Business ist vielleicht ein bisschen großspurig ausgedrückt. Daisy kommt nicht so richtig dazu, mit ihren Handtaschen durchzustarten. Genau genommen kommt sie nicht einmal dazu, die Handtaschen tatsächlich herzustellen, es ist nicht leicht, mit einem kleinen Kind und einem Hund und einem Haus und einem Garten einen Arbeitstag zu strukturieren, irgendwie versinkt alles immerzu im Chaos. Amelie ist zwar am Vormittag im Kindergarten (sie länger dort zu lassen, wäre gar nicht möglich, weil er mittags schließt), aber trotzdem. Daisy nimmt ihre Aufgaben als Mutter sehr ernst. Ernst genommene Aufgaben kosten Zeit. Wenn sie mit Amelie gebastelt hat, ist es schon wieder Zeit für die Jause, und der Hund braucht Auslauf, und Amelie soll sowieso an die frische Luft, und danach gibt es Abendessen, erst für Amelie, danach für Andi und sie, aber vorher muss sie Amelie ins Bett bringen und in den Schlaf singen – wann soll sie da auch noch ihre Handtaschen nähen? Nähen in Amelies Gegenwart ist nahezu unmöglich, immerzu will sie helfen, bringt alles durcheinander und verstreut die Materialien. Und wenn Andi abends daheim ist, dann will Daisy Andis Gesellschaft genießen. Und wenn Andi abends nicht daheim, sondern unterwegs ist, um seine Karriere voranzutreiben, will sie zum Trost mit einem Glas Wein vor dem Fernseher sitzen. So schaut's aus mit ihrem Business.

Früher schien ihr alles ganz einfach. Wo sie hinblickte, klappte es. Menschen hatten Kinder und Berufe und beides lief irgendwie nebeneinander her. Nie hat sie sich den Kopf zerbrochen, wie ihre Schwester oder ihre Schwägerin das hinkriegten. Dass ihre Mutter etwas damit zu tun hatte, war klar, aber wie wichtig die Mitwirkung ihrer Mutter war, darüber hat sie sich keine Gedanken gemacht.

Andi kommt früher nach Hause. Amelie springt ihm entgegen, im Wettlauf mit Anka, die ihn gewinnt, aber Andi schnappt sich Amelie und schwenkt sie hoch in die Luft, während Anka ihre dicken Pfoten gegen Andis Brust stemmt und sein Kinn abzulecken versucht. Dieser Hund gehört endlich erzogen, sagt Andi, aber er sagt es lachend, und Daisy stimmt ihm schuldbewusst zu, statt ihn wie sonst mit der Aufzählung der vielen Pflichten anzuöden, die sie daran hindern, Anka gute Manieren beizubringen. Ich weiß, sagt sie zerknirscht, ich weiß.

Diesmal essen sie zu dritt zu Abend und Andi bringt Amelie danach ins Bett. Daisy rechnet damit, dass Amelie sich beschweren wird, weil Andi das Gute-Nacht-Lied nicht singen kann, doch stattdessen hört sie sie aus dem Kinderzimmer kichern und dazu Andis tiefes, beruhigendes Gemurmel.

Nach einer Weile kommt Andi herunter. Sie schläft, sagt er, und erstaunlicherweise behält er recht. Nicht immer schläft Amelie weiter, wenn man das Zimmer verlässt, nachdem sie endlich den Kopf zur Seite gedreht hat und mit geschlossenen Augen an ihrem Einschlaf-Teddy nuckelt. (Ja, eine Unart, aber nach einer Weile hört das Genuckel ohnehin auf. Besser, sie nuckelt, als sie brüllt, weil man ihr den Teddy wegnimmt.)

Daisy und Andi setzen sich auf die Terrasse, sie trinken den Weißwein weiter, den sie schon zum Abendessen getrunken haben. Es ist dunkel geworden. Irgendwo in der Nachbarschaft quaken wild und laut Frösche. Rundherum gibt es immer mehr Biotope, das Froschaufkommen ist inzwischen beachtlich. Daisy hat nicht gewusst, welchen Lärm diese Viecher machen. Andi und sie brechen gleichzeitig in Gelächter aus, als nach kurzer Stille schlagartig wieder der Froschchor losbrüllt.

Morgen nehme ich mir deinen Wagen, sagt Andi.

Warum?

Meiner muss zum Service. Die Werkstatt holt ihn in der Früh.

Aber ich brauche mein Auto.

Du kriegst es ja wieder.

Nein, ich meine, ich brauche es morgen.

Nicht so dringend wie ich, Liebling. Andi sagt es mit sanfter Stimme, doch Daisy kennt ihn gut genug, um zu wissen, dass er gereizt ist.

Ich habe einen Termin bei der Zahnärztin. Während Amelie im Kindergarten ist. Ich komme ohne Auto nicht dorthin. (Die Zahnärztin hat ihre Praxis zwei Orte weiter.)

Dann verschiebe ihn. Bitte. Du wirkst nicht, als würdest du vor Zahnschmerzen umkommen.

Nein, es ist nur, man muss so lange auf einen freien Termin bei ihr warten ...

Daisy, bitte!, sagt Andi, das *Bitte* hört sich fast wie ein Peitschenknall an, Andi kann sehr gut sehr viel Unmut in ein einziges, kurzes Wort legen. Erwartest du, dass ich meinen Beruf aufgebe, weil du unbedingt morgen zur Zahnärztin möchtest?

So klingt es bescheuert, sagt Daisy. Aber warum hast du es mir nicht einfach früher gesagt?

Weil es sich erst heute so ergeben hat, sagt Andi.

Sie sitzen schweigend. Andi wirkt wieder entspannt, wie vorher. Daisy hat plötzlich einen Einfall und greift entschlossen zu ihrem Handy.

Was machst du?, fragt Andi.

Daisy antwortet nicht. Stattdessen spricht sie ins Telefon. Entschuldigen Sie bitte, dass ich Sie so spät noch störe, aber es handelt sich um einen Notfall.

Aus dem Handy quäkt eine Stimme etwas Unverständliches, und Daisy fährt fort: Nein, nein, es ist nichts passiert. Ich wollte Sie nur fragen, ob Sie mir einen großen Gefallen tun würden.

Kleine Pause. Dann Daisy weiter: Also ... Ich wollte fragen, ob Sie mir morgen ausnahmsweise Ihr Auto borgen könnten.

Andi befürchtet, dass er weiß, mit wem sie redet.

Daisy schildert inzwischen ihr Dilemma. Danach hört sie zu. Ihre Miene versteinert.

Nachdem sie aufgelegt hat, faucht sie wütend: Das war zu erwarten! Aber ich wollte es versuchen. Damit du nicht nachher sagst, hättest du es halt probiert.

Sie leiht dir ihr heiliges Auto nicht?, fragt Andi.

Daisy schüttelt den Kopf.

Das ist doch lächerlich. Du fährst bestimmt besser als sie.

Sie sagt, sie ist morgen den ganzen Tag unterwegs. Sie hat, du weißt schon, Termine!

Daisy sagt Termine in affektiertem Tonfall und dreht dabei die Augen himmelwärts.

Andi schüttelt den Kopf. Vergiss es.

Ja, sowieso. Und weißt du was? Sie sagt, ich soll den Bus nehmen. Haha, guter Witz. Vermutlich fährt der zweimal am Tag. Das geht sich doch nie aus.

Kennst du den Busfahrplan?, fragt Andi.

Nein, kenne ich nicht, sagt Daisy wütend. Ich weiß auch so, dass es sich nicht ausgeht. Die hat sie doch nicht alle.

Anka ist ein Problem. Sie folgt einfach nicht. Sie ist ein lieber Hund, aber, wie Daisy argwöhnt, nicht besonders intelligent. Üben, üben, üben, sagt der Hundecoach. Er hat leicht reden, er hat ja sonst nichts zu tun, die Hunde sind sein Beruf.

Daisy hingegen hat sich Anka nicht als Berufsersatz ins Haus geholt, sondern als Familienmitglied, alles, was sie wollte, war ein freundliches, kooperatives Tier, das sich ohne Widerstand in die Gemeinschaft fügt. Fehlanzeige.

Anka hat ihren eigenen Kopf. Sie buddelt Löcher in den ohnehin armseligen Rasen, rast beim Spazierengehen Kaninchen hinterher, sobald man sie von der Leine lässt, springt fremde Menschen an und macht sich immer wieder in zerstörerischer Absicht über Amelies Stofftiere her, die sie wie Beutestücke schüttelt, zerbeißt und zerfetzt. Amelie bekam einen regelrechten Schock, als sie mitansehen musste, wie Anka ihren Lieblingsteddy blitzschnell in einen Haufen fransiger, widerlich eingespeichelter Lumpen verwandelte.

Daisy hatte vergeblich versucht, sie zurückzuhalten, aber Anka, den Teddy im Maul und zwischen den Pfoten, riss und biss einfach weiter, anscheinend spürte sie nicht einmal, dass Daisy an ihrem Halsband zerrte. Als Anka vom zerstörten Teddy endlich abließ und Amelie befriedigt ansah, stolz, als präsentiere sie ein gelungenes Werk, ging Amelie kreischend, schluchzend und tränenüberströmt auf sie los. Sie hob die kleinen Fäuste, um auf sie einzuschlagen, was Anka unglücklicherweise als Spielaufforderung missdeutete. Bellend schnappte sie nach Amelies Fäusten, Daisy gelang es gerade noch rechtzeitig, sich zwischen Anka und das Kind zu werfen.

Hinterher zitterten ihr die Knie, und am Abend erzählte sie Andi davon. Er wischte ihre Bedenken beiseite.

Eine Gefahr für Amelie? Lächerlich. Schau dir doch den Hund einmal an. Da, wie sie hier liegt! Was Harmloseres kann man sich doch gar nicht vorstellen. Gell, Anka, gell? Ein guter Hund bist du, stimmt's?

Er ging vor Anka in die Hocke, tätschelte ihren Kopf und zog sie spielerisch an den Lefzen. Der Hund ließ es sich behaglich grunzend gefallen.

Du musst dich mehr mit ihr beschäftigen, sagte Andi zu Daisy. Sie braucht das.

Er redet wie der Hundecoach. Der nebenbei ein Vermögen kostet. Andi hat sich schon darüber beschwert, er versteht nicht, warum Daisy Einzelstunden nimmt, statt zu den billigeren Übungsnachmittagen auf dem Hundesportplatz zu gehen.

Daisy war ein paarmal dort, aber sie wusste nicht, wie sie mit Anka trainieren und gleichzeitig Amelie daran hindern sollte, auf dem Platz herumzurennen und alle Hunde streicheln zu wollen. Die Hundesportler hatten das gar nicht gern gesehen. Nun läuft Amelie während der hochbezahlten Einzelstunden plappernd neben dem Coach her, der sie missmutig ignoriert, was auch nicht gerade gemütlich ist.

Daisy bereut längst, dass sie auf einem Hund bestanden hat, Ratgeberliteratur hin oder her, doch als sie Andi gegenüber andeutete, es sei vielleicht besser, einen neuen Platz für Anka zu suchen, rastete er fast aus.

Der arme Hund, kommt gar nicht infrage, nur über meine Leiche, das tut man nicht. Wir haben eine Verantwortung übernommen, zu der müssen wir stehen. Daisy findet, er macht es sich ein bisschen einfach. Die meiste Zeit liegt die Verantwortung für Anka schließlich bei ihr.

Alles wäre leichter, wenn sie ohne Amelie auf den Hundesportplatz gehen könnte. Sie hat sich nach einem Babysitter umgehört, jedoch ohne Erfolg. Anscheinend gibt es im Ort niemanden, der für derart exotische Dienste zur Verfügung steht. (Wenn sie schon beim Bereuen ist, sollte sie es vielleicht auf die Idee ausdehnen, in diese Ödnis hier zu übersiedeln. Von Andi wäre freilich keine Zustimmung zu erwarten. Er genießt das Haus und den Garten. Wenn er daheim ist. Im Unterschied zu Daisy ist er allerdings nicht tagaus, tagein den ganzen Tag daheim.) Andererseits hat Daisy ohnehin wenig Lust, einen Babysitter zu bezahlen, damit sie die Kosten für den Hundecoach spart. Dann schon lieber Geld für den Coach ausgeben.

Die Alte kennt keine derartigen Sorgen. Die kommt und geht, wie es ihr passt. Dauernd sieht man sie zu ihrem Auto stöckeln und wegfahren. Oft kehrt sie erst spätabends zurück. Und aufgetakelt ist sie! Na ja, nicht direkt aufgetakelt im Sinne von ordinär, aber immer modisch angezogen, und dazu diese wehende Mähne, kinnlang, dicht, glänzend. So weht eine Mähne nur, wenn sie von einer teuren Friseurin geschnitten wurde. Daisy kennt sich aus mit Haaren, ihre dünnen Haare sind ihr einziges Minus, sie hat viel Zeit bei guten und noch besseren Friseurinnen zugebracht, sie weiß, was möglich ist.

Natürlich müssen alte Frauen nicht in Sack und Asche gehen, das verlangt ja niemand. Aber sie sollten ihre Eitelkeit auf ein gesundes Maß zurückschrauben. Daisy wird einmal in Würde altern. Sie wird eine schlichte, silberhaarige Großmutter sein, später, irgendwann, in einer sehr fernen, nicht vorstellbaren Zukunft.

Daisy denkt an ihre Mutter. Nie würde die sich so herausputzen wie die Alte. Ihre Mutter weiß, was sich gehört. Daisys Mutter ist klein und beweglich, wie Daisy, nur runder. Und sie zieht sich völlig unauffällig an. Weil sie sich nicht so wichtig nimmt. Daisy findet, alte Frauen sollten sich nicht so wichtig nehmen. Das sollten sie doch gelernt haben am Ende ihres Lebens. Sie hofft, dass sie selber gelernt haben wird, bescheiden und selbstlos zu sein, wenn sie einmal alt ist.

In der Apotheke hört Daisy zufällig mit, wie die Alte ein Rezept einlöst und die Apothekerin sich erkundigt, ob ihr das Medikament auch hilft. Oh ja, sagt die Alte, es wirkt, aber Wunder darf man sich natürlich nicht erwarten. Ich bin immer noch im Osteoporose-Bereich mit meiner Knochendichte.

Hat die Alte also brüchige Knochen. Daisy empfindet, sie kann es nicht steuern, Befriedigung. Sie weiß, dass sich das nicht gehört, aber sie gönnt es der Alten, dass die bei jedem Sturz Gefahr läuft, sich etwas zu brechen. Daisy weiß, was Osteoporose bedeutet. Eine ihrer Großtanten leidet darunter, kaum kippt ihr Fuß um, ist der Knöchel angeknackst, und als sie neulich gegen die Tür fiel, weil sie ausgerutscht war, gingen gleich drei Rippen zu Bruch.

Sie müssen halt aufpassen, sagt die Apothekerin zur Alten,

keine Fehltritte mehr! Die beiden lachen, und die Alte sagt, ja, ich bin vorsichtig, nochmals ein gebrochenes Bein, das brauche ich nicht.

Daisy hat im Shoppingcenter, auf halbem Weg zur Stadt, eine Friseurin gefunden, der sie ihren Kopf halbwegs anvertrauen kann. Sie möchte sich neue Strähnchen machen lassen und vereinbart einen Vormittagstermin mit ihr. Alles ist gut geplant: Daisy wird Amelie im Kindergarten abliefern, anschließend ins Shoppingcenter fahren und auf dem Rückweg Amelie wieder abholen, bevor der Kindergarten schließt.

Aber dann gerät sie auf dem Weg zum Shoppingcenter in einen Stau, und weil sie zu spät zur Friseurin kommt, hat die schon eine andere Kundin in Arbeit. Daisy muss warten. Als sie endlich dran ist, äußert sie Zweifel, ob sie noch rechtzeitig fertig wird, aber die Friseurin beruhigt sie: Es geht sich alles aus.

Es geht sich jedoch nicht aus. Die Friseurin arbeitet langsam, zwischendurch geht sie ans Telefon, zur Kassa und wieder ans Telefon, und als Daisy, den Kopf voller Folie, auf die Uhr schaut, weiß sie: Sie kann nicht länger bleiben.

Sie reißt die Folie herunter, hält den Kopf unter Wasser und fönt ihre Haare notdürftig selber trocken, ehe sie fluchtartig den Laden verlässt. Der Kindergarten schließt pünktlich. In ihrer Angst sieht sie Amelie schon allein vor dem geschlossenen Eingang kauern. Natürlich ein Hirngespinst. Die werden Amelie nicht einfach vor die Tür setzen. Aber die Kindergartenleiterin wird empört sein. Daisy hasst es, wenn man böse auf sie ist, schon gar, wenn sie sich schuldig bekennen muss. So demütigend.

Jetzt kriegen Sie doch nicht gleich die Panik!, ruft die Friseurin, als Daisy ihr das Geld auf die Theke geknallt hat und wegrennt. Haben Sie denn keine Oma, die Ihre Kleine vom Kindergarten holen kann?

Ja, das wäre schön, wenn Daisy jetzt eine Oma anrufen und

zum Kindergarten schicken könnte. Oder eine Leihoma. Oder eine nette alte Nachbarin, die sich freut, Oma spielen zu dürfen. Kann sie aber nicht. Daisys Nachbarin ist keine freundliche Ersatzoma, obwohl sie im passenden Alter wäre. Daisys Nachbarin ist ungefällig und egoistisch. Pech für Daisy.

Verschwitzt und wütend landet Daisy beim Kindergarten. Als sie daheim dann in den Spiegel schaut und ihre zerrupften, armseligen Haare erblickt, wird ihr Hass noch größer. Hass auf wen? Ganz einfach, auf die Alte. Hass braucht einen Adressaten, und wen soll Daisy sonst hassen?

Daisy und Andi geben eine Grillparty, und diesmal kommen alle Eingeladenen. Sie sitzen an einer langen Tafel im Garten, in den Bäumen hängen Lichterketten, Andi steht am Grill und aus Lautsprecherboxen tönt Musik. Daisy ist selig. So hat sie sich ihr Leben hier vorgestellt, gesellig, ausgelassen, unbeschwert. Die Kinder – Amelie und drei Gastkinder – tollen kreischend vor Vergnügen herum. Später rollen sie sich schläfrig auf den Decken zusammen, die Daisy für sie auf dem Boden ausgebreitet hat.

Das Baby von Lotte und Alex schreit eine Weile, beruhigt sich dann aber und liegt friedlich in seinem Kinderwagen.

Andi hat die Musik leiser gestellt. Sie unterhalten sich und lachen viel. Niemand will gehen. Warum auch? Die Nacht ist warm, es gibt genug zu trinken und morgen ist Sonntag, da können alle ausschlafen.

Morgen? Heute ist Sonntag, Leute, sagt Alex, heute, wisst ihr, dass es schon halb zwei ist?

Nein, und es interessiert auch keinen. Alex, du Zwängler, schreit Christoph, geh uns nicht auf den Geist und hör auf, deine Uhr anzustarren, wir wissen alle, es ist eine Breitling!

Gelächter. Plötzlich hebt Andi den Kopf und bedeutet ihnen, dass sie still sein sollen. Das Lachen ebbt ab und sie hören, dass es am Tor läutet.

Das sind die Stripperinnen!, ruft Christoph. Spät, aber doch!

Gejohle. Als sie sich beruhigt haben, läutet es noch immer. Andi steht auf und geht schwankend in Richtung Gartentür, ein paar der anderen folgen ihm. Vor dem Haus steht ein Polizeiauto, zwei Uniformierte warten am Tor.

Wir sind angerufen worden, sagen die Polizisten, weil es hier angeblich so laut zugeht. Stimmt das?

Wer hat angerufen?, fragt Andi mit schwerer Zunge.

Jemand aus der Nachbarschaft. Feiern Sie im Garten? Dann gehen Sie jetzt bitte ins Haus.

Wer aus der Nachbarschaft?, will Andi wissen.

Das dürfen wir nicht sagen. Gehen Sie ins Haus und alles ist in Ordnung.

Wir wollen aber nicht ins Haus!, sagt Christoph, ebenfalls mit Zungenschlag. Das ist eine Gartenparty.

Die Polizisten behalten ihren sachlichen Ton bei. Seien Sie vernünftig. Wenn Sie hineingehen, bleibt es bei einer Verwarnung. Sonst müssen wir Sie anzeigen.

Schöne Nachbarn habt ihr, Andi, sagt Christoph. Holen gleich die Polizei, wenn ein bisschen gefeiert wird. Was ist das hier? Ein Altersheim?

Es ist zwei Uhr früh, sagt der ältere der beiden Polizisten. Und es gibt Menschen, die schlafen wollen. Sie müssen die Nachtruhe einhalten.

Nachtruhe!, wiederholt Christoph höhnisch. Das ist ja ärger als in der Stadt, wo sie einen um elf aus den Schanigärten scheuchen. Und dafür seid ihr an den Arsch der Welt gezogen, Alter?

Daisy weiß am nächsten Tag natürlich, wer die Polizei gerufen hat. Sie schäumt. Dieses missgünstige alte Luder!

Du hast keine Beweise, sagt Christoph.

Ich weiß, dass ich nichts beweisen kann, ruft Daisy zornig. Aber eines Tages zahle ich es ihr heim. Alles.

Daisy und Amelie treffen die Alte zwei Tage später auf der Straße, Daisy würde am liebsten grußlos an ihr vorbeigehen, aber Amelie bleibt stehen und sagt: Hallo.

Hallo, Amelie, antwortet die Alte, wie geht's dir denn?

Schau, was ich habe, sagt Amelie und zeigt ihr Handgelenk her, das von einem glitzernden Armband geschmückt wird. Lotte und Alex haben es ihr am Samstag mitgebracht.

Wow, das ist aber toll!, ruft die Alte bewundernd. Ein Prinzessinnenarmband!

So ein scheinheiliges Biest. Daisy kocht vor Wut.

Amelie und die Alte quatschen weiter, aber Daisy hört gar nicht mehr zu. Abrupt packt sie Amelie am Arm. Los jetzt, wir müssen weiter.

Als Andi abends heimkommt, rast Anka wieder einmal auf ihn zu, springt ihm gegen die Brust, schnappt ausgelassen nach seinem Arm und zerrt an seiner Jacke. Daisy brüllt – Nein, Anka! Aus! Steh! –, aber Anka beachtet sie gar nicht.

Andi lacht geschmeichelt, er nimmt Ankas stürmische Begrüßung als Zeichen besonderer Zuneigung, allerdings hat sogar er – und er ist groß und kräftig – Mühe, sich auf den Beinen zu halten, als sich der Hund gegen ihn wirft.

Ich habe Angst, dass sie einmal jemanden umschmeißt, sagt Daisy klagend. Stell dir den Ärger vor.

Sie macht das doch nicht bei jedem?, fragt Andi irritiert.

Na ja, eigentlich will sie mit allen spielen, die wir treffen, erwidert Daisy. Menschen, Hunde, ihr ist es egal.

Dann darfst du sie eben nicht von der Leine lassen, sagt Andi schroff. Anscheinend ist er gekränkt, weil sich Anka als treulose Schlampe entpuppt hat.

Der Tag ist kühl und windig. Wenn sie wählen könnte, würde sich Daisy in ein Café setzen, heiße Schokolade trinken und mit einer Freundin tratschen. Aber leider: keine Option.

Daisy zieht Amelie und Anka zum Spazierengehen an, Anka bekommt ihr Brustgeschirr umgelegt und Amelie wehrt sich gegen die Zumutung, eine – ohnehin dünne – Mütze tragen zu sollen. Eine Weile verbringen sie mit dem Auf- und Absetzen der Mütze, Daisy zieht sie Amelie über die Ohren, Amelie zerrt sie sich wieder vom Kopf, bis Amelie siegt. Na schön, sagt Daisy resignierend, aber heul mich nicht an, wenn du vom Wind Ohrenstechen kriegst. Eine sinnlose Bemerkung. Selbstverständlich wird Amelie Daisy anjammern, sobald ihr die Ohren wehtun. Sie ist ein Kind. Möglicherweise werden Kinder durch Schaden klug, aber zuerst müssen sie den Schaden beklagen.

Sie gehen durch den Ort, vorbei an der aufgelassenen Fabrik, bis zu dem Feldweg, der zu einem verfallenen Bauernhof führt. Mit Anka sucht Daisy am liebsten die weniger attraktiven Teile der Umgebung auf, in der Hoffnung, dass es dort menschenleer ist und sie den Hund wenigstens ein bisschen von der Leine lassen kann. Anka zerrt wie immer, Daisy hat Mühe, sie festzuhalten, sie verfällt in einen schnellen Trab, was Amelie zu Protestgeschrei veranlasst, weil sie bei diesem Tempo nicht mitkommt.

Keuchend hängt sich Daisy in Ankas Leine. Zu allem Überfluss sieht sie Spaziergänger am Horizont auftauchen. Zu riskant, Anka freizulassen. Daisy steht im Niemandsland, neben ihrem störrischen Hund und ihrem störrischen Kind, das jetzt seine Hände gegen seine wahrscheinlich schmerzenden Ohren presst, und stampft vor Enttäuschung mit dem Fuß auf, wie früher als Dreijährige, wenn sie sich das Weinen verkneifen wollte.

Als sie in den Ort zurückkehren, winkt Amelie plötzlich und ruft: Tante Karin! Tatsächlich kommt vom anderen Ende der Straße die Alte auf sie zu. Anka spitzt die Ohren und bäumt sich auf im Bemühen, sich aus Daisys Haltegriff zu befreien.

Wie in Trance beugt sich Daisy vor, hakt die Leine vom Halsband los und sieht zu, wie Anka einem Geschoss gleich auf die Alte zufegt.

Hass

—

Edith war nie ein gütiger Mensch, auch nicht, als sie noch alle Tassen im Schrank hatte. Inzwischen kommt bei ihr das Unberechenbare hinzu, das von ihrer fortschreitenden Verrücktheit herrührt. Erst neulich hat sie beim Frühstück das Geschirr vom Tisch gefegt. Einfach so, weil Kurt etwas gesagt hatte, was ihr gegen den Strich ging. Er weiß nicht einmal, was sie erzürnt hat, meistens sagt er ja völlig belanglose Sachen, in der Hoffnung, ihren Zorn nicht zu wecken, aber es nützt nichts. Er sagt etwas vermeintlich Harmloses, und im nächsten Augenblick fliegen die Fetzen. Früher gab es wenigstens echte Anlässe.

Als sie mit einem einzigen, wütenden Handstreich Teller, Tassen, Löffel, die Butter vom Tisch fegte, dachte Kurt unwillkürlich daran, wie sie die Kinder bestraft hatte, als die im Trotzalter waren. Wie sie beide – Edith und er – die Kinder bestraft hatten. Unerbittlich.

Er war sich immer sicher gewesen, dass er ohne Ediths Einfluss mehr Nachsicht an den Tag gelegt hätte.

Edith hasste ihre eigene Mutter und konnte sich dennoch nie von ihr lösen. Zwischen Edith und den Kindern stand immer ihre Mutter, die vorrangig geliebt und beachtet werden wollte. Sie bettelte um Liebe wie ein vernachlässigter Hund, denkt Kurt im Rückblick. Und obwohl sie vergeblich bettelte, gelang es ihr, Edith so weit für sich zu beanspruchen, dass Edith keine Aufmerksamkeit für die Kinder aufbrachte. (Wenigstens hofft Kurt, dass Edith die Kinder mehr beachtet hätte, wäre sie nicht ständig damit beschäftigt gewesen, ihre Mutter abzuwehren.) Edith hasste ihre Mutter und die Kinder gleich mit, Hass war alles, was sie aufbrachte als Reaktion auf das stetige Verlangen nach Liebe, mit dem ihre Mutter sie verfolgte. Edith hasst, mittlerweile aus Gewohnheit, und jetzt ist es nur noch Kurt, der ihren Hass abkriegt.

Als Ediths Mutter starb, entdeckten sie beim Leerräumen des Hauses einen unglaublichen Vorrat an Lebens- und Putzmitteln, Regale voll mit Honig- und Marmeladegläsern, mit Großpackungen von Reis und Nudeln, mit Schwammtüchern und Zündholzschachteln, mit riesigen Gebinden von Waschpulver, Glasreinigern und Entkalkungssprays. Dabei hatte Ediths Mutter seit Jahren kaum noch gekocht und nur noch selten putzen lassen, geschweige denn selber geputzt.

Als hätte sie gedacht, dass sie ewig leben wird!, sagte Edith wütend, als sie die Vorräte fanden. Wer kauft denn mit achtzig ein, als hätte er noch zwanzig Jahre vor sich! Was für eine Verschwendung.

Diese Rechnung erschreckte ihn. So redet man nicht, auch nicht, wenn man seine Mutter hasst. Gleichzeitig empfand er Genugtuung. Edith war ein hartherziger Mensch. Sie verdiente es, dass er fremdging.

Das dachte er sich damals, als ihre Mutter gerade gestorben war, und das denkt er noch immer, obwohl er schon lange nicht mehr fremdgeht. (Und obwohl er nicht weiß, wie es um seine Treue bestellt gewesen wäre, wenn er eine gütige Frau gehabt hätte.)

Seine letzte Freundin hat ihn mehr als zehn Jahre begleitet, als geduldige Nebenfrau, die nicht aufhören wollte zu hoffen, dass er sich von Edith trennen würde. Als Schattenfrau eigentlich, denn selbstverständlich trat sie offiziell nie in Erscheinung. Nach mehr als zehn Jahren (er mochte nie nachrechnen, wie viele es genau gewesen waren) gab sie ihm den Laufpass, halbherzig, bis zum Schluss darauf wartend, dass er sie anflehen würde, bei ihm zu bleiben. Aber er flehte nicht. Du hast ja recht, ich will dich nicht um deine Zukunft bringen, sagte er, das klang anständig, doch in Wirklichkeit war er froh, dass sie ihn verließ. Das Leben mit zwei Frauen war anstrengend, und es war auch eintönig geworden; eine Geliebte hat man wegen der Abwechslung, doch mit Irene ins Bett zu steigen war mittlerweile genauso wenig aufregend wie seine ehelichen Freuden mit Edith, das bisschen zusätzlicher Sex wog die Mühen der Heimlichtuerei und die Last der stummen Vorwürfe, die immer häufiger aus Irenes Miene sprachen, nicht auf.

Edith war einmal eine Schönheit, kalt, hart, aber schön und elegant. Vielleicht resultierten ihre Schönheit und ihre Eleganz ja aus dieser Kälte, die andere auf Distanz hielt und eine Trophäe aus ihr machte. Kurt war anfangs sehr stolz auf sie gewesen, eine Zeit lang konnte er, wenn er sie in Gesellschaft betrachtete, selber nicht glauben, dass diese unnahbare Frau nachts neben ihm lag und ihm erlaubte, ihren Körper in Besitz zu nehmen. Trophäen gibt man nicht her. Irene hätte wissen müssen, dass sie Edith nicht ausstechen konnte, nicht mit dieser molligen, weichen, nachgiebigen Figur, mit diesem durchschnittlich hübschen Gesicht, der ein bisschen zu dick geratenen Nase, den blondierten, hausbacken frisierten Locken. Irene sah aus wie die kleine Sekretärin, die sie war, klassischerweise war sie Kurts Sekretärin, und sie hatte nicht das Zeug zum anderen Klassiker, nämlich aufzusteigen zur Gattin des Chefs, indem sie ihn von der Seite seiner Ehefrau pflückte, wie das weniger gutmütige, weniger mollige, weniger weiche und nachgiebige Sekretärinnen taten, die noch dazu nicht mit einer Trophäe konkurrieren mussten.

Er hätte Irene nach ihm einen guten Mann gewünscht, Kinder, ein Eigenheim mit Garten und Hund, aber als er sagte, dass er sie nicht um ihre Zukunft bringen wolle, hatte sie schon längst keine mehr. Sie war der Typ, der bereits in jungen Jahren matronenhaft wirkt. Als sie ihn wegen der Aussichtslosigkeit ihrer Beziehung verließ, waren ihre Aussichten auf ein verdientes Glück nur mehr minimal, vielleicht hatte sie ja auch nie welche gehabt, vielleicht war sie das geborene Opfer. Das dachte Kurt manchmal, wenn sie ihm einfiel, zu seiner Entschuldigung. Er weiß, dass sie vor ein paar Jahren in ein Altersheim gegangen ist, weil sie nicht mehr in der Lage war, sich selber zu versorgen, nach ein paar Operationen an ihrer lädierten Wirbelsäule und wegen zunehmender Vergesslichkeit. Traurig, aber irgendwie passt es zu ihr, dachte er, dass sie in etwas so Altmodischem wie in einem Altersheim landet, wo man doch heutzutage die meisten alten Leute so lange wie möglich mobil in ihren Wohnungen betreut. Und dabei war Irene ja noch gar nicht alt, sie war jünger als er und Edith, allein deswegen konnte sie unmöglich alt sein und schon gar nicht alt genug, um in einem Altersheim zu leben. Dass sie es trotzdem tat, zeigte, wie wenig sie in die Zeit passte, in die sie geboren worden war.

Seine Kinder sind einander herzlich und eng verbunden, obwohl sie in verschiedenen Ländern leben. Nur mit gegenseitiger Unterstützung konnten sie ihr liebloses Elternhaus überstehen. So sieht Kurt das heute. Wenigstens ehrlich bin ich, sagt er sich. Ich beschönige nichts.

Gemeinsam haben die Kinder ihr liebloses Elternhaus überwunden und anscheinend sind sie sogar einigermaßen unbeschadet davongekommen. Zwischen sich und die Eltern haben sie schon vor längerer Zeit ebenfalls Landesgrenzen gelegt. Die spielen zwar heutzutage keine so große Rolle mehr (außer, man kommt nicht aus Europa), für seine und Ediths Kinder aber vielleicht doch. Mental. Emotional. Sich die Eltern vom Hals zu halten, das war ihnen vermutlich wichtig, nachdem ihnen die Eltern so oft zu nahe gekommen waren, aber nicht in liebevoller, sondern in gewalttätiger Absicht.

Ediths und seine Tochter lebt in Deutschland, der Sohn in der Schweiz. Edith scheint sie nicht zu vermissen, und Kurt reicht es eigentlich auch, wenn er sie zweimal im Jahr sieht.

Treffen mit seinem Sohn rufen ambivalente Gefühle in ihm hervor. Einerseits bewundert er Christians inniges Verhältnis zu seinen eigenen Kindern, er beneidet ihn sogar darum, andererseits ist er bemüht, keine Schuldgefühle in sich aufkommen zu lassen. Er hat getan, was er konnte. Er hat schließlich das Geld herbeigeschafft. Er hat seiner Familie materielle Sicherheit und einen gehobenen Lebensstandard geboten. Dazu waren die Väter seiner Generation da. Kinder fielen in den Zuständigkeitsbereich der Mütter. Edith war eine schreckliche Mutter. Dafür muss *sie* sich verantworten. Müsste sich. Denn Edith verantwortet sich für gar nichts. Edith ist verrückt und aus.

Die Kinder fragten viel. Edith ging das dauernde *Warum?* auf die Nerven. Sie verweigerte Antworten. Halt den Mund! Frag nicht dauernd! Sei nicht so neugierig!

Er wusste, dass ihr Verhalten falsch war, aber er schritt nicht ein. Er fand die Fragerei auch lästig. Ein Wunder, dass die Kinder trotzdem so klug geworden sind.

Seine Kinder beantworten die Fragen ihrer Kinder. Seinen Kindern gehen ihre Kinder nicht auf die Nerven. Es ist nicht angenehm, wenn man seine Kinder beobachtet und sich eingestehen muss, dass sie bessere Eltern sind. Bessere Menschen vielleicht sogar. Liebevoll. Ihren Freunden loyale Freunde, hilfsbereit und herzlich. Seine Kinder pflegen Freundschaften, im Gegensatz zu Edith und ihm. Edith und er hatten gesellschaftlichen Umgang, ehe auch der verebbte. Aber keine Freundschaften.

Edith fragte nicht und antwortete nicht. Nie wusste er, was in ihr vorging. Worüber haben sie geredet? Über das Nötige. Sie haben nebeneinanderher gefröstelt, mehr als drei Jahrzehnte lang. Edith ist ein kalter Mensch, aber was ist er? Er hat nicht einmal den Versuch unternommen, die eisige Edith aufzutauen, ihre Unnahbarkeit stieß ihn ab und zog ihn an, er nahm sie als Beweis, dass sie etwas Besonderes war. Eine besondere, unnahbare, arrogante Frau an seiner Seite war ihm lieber als ein gewöhnliches, weiches Mädchen wie Irene, das sein Herz auf der Zunge trug und ihn mit warmen Armen umschlang. Edith gab ihm das Gefühl, dass sie ihm eine Gnade gewährte, wenn er sie umarmen durfte. Das gefiel ihm.

Sie ist noch immer eine beeindruckende Erscheinung. Gebieterisch sowieso. Kurt kann sich jedoch nicht vorstellen, dass Männer heute noch sexuell an ihr interessiert sind. Er ist es ohnehin nicht. Nicht an Edith und auch sonst nicht mehr.

Sie nehmen keine Einladungen mehr an. Nein, falsch. Sie werden nicht mehr eingeladen. Der Grund sind Ediths Ausbrüche, inzwischen leider auch in Gesellschaft.

Du lächerlicher Mann!, schrie sie das letzte Mal, als sie in größerer Runde bei einem Abendessen saßen. Du lächerlicher, kindischer, unbedeutender Mann!

Das kindisch verblüffte ihn. Er sieht sich ernsthaft, seriös, erwachsen. Das unbedeutend verblüffte ihn nicht. Das Problem war, dachte er, dass sie beide, Edith und er, immer schon der Ansicht gewesen waren, Edith hätte einen glanzvolleren Mann verdient als ihn. Er hatte es lange nicht fassen können, dass sie ihn genommen hatte, sie wohl auch nicht. Aber warum hat sie ihn genommen? Warum ist sie bei ihm geblieben? Weil ihr klar war, dass ein bedeutenderer, selbstbewussterer Mann ihre Ansprüche, ihre Launen, ihre Verrücktheit nicht ertragen hätte?

Na gut, er hatte einen alten Witz erzählt bei diesem Abendessen. Zur Auflockerung. Professor Scheffler, dieser aufgeblasene Mediziner, hatte sich dozierend über sein Fachgebiet Autoimmunerkrankungen ausgelassen, zugegebenermaßen nur, weil eine ebenfalls eingeladene Frau ihm eine Frage dazu gestellt hatte, aber Kurt fand Schefflers Antwort weitschweifig und langweilig. Da war ihm der Witz vom Arzt und dem Affen mit der Banane eingefallen. Er war überzeugt, dass die anderen Gäste seinen Scherz erleichtert begrüßen würden, weil sie wie er genug hatten von Schefflers Geschwafel, doch Edith hatte plötzlich losgeschrien: Du lächerlicher, kindischer, unbedeutender Mann! Kannst du nicht zuhören, wenn erwachsene Menschen ernsthaft über ein Thema reden?

Alle hatten peinlich berührt die Luft angehalten. Und in diesem Moment dachte er, zum ersten Mal in seinem Leben, dass Irene nicht die schlechtere Wahl gewesen wäre. Sie hätte ihn nicht bloßgestellt. Wenn er sie jemals irgendwohin mitgenommen hätte.

Dass ihm Irene einfiel, war kein Zufall. Daheim lag inzwischen ihr Erbe und wartete darauf, von ihm verkauft, verschenkt oder weggeworfen zu werden. Nein, weggeworfen sicher nicht.

Was Edith Kurt am meisten übel nimmt, sind die kindischen Witze, mit denen er jedes Gespräch torpediert, sobald es ihm zu anstrengend wird, und Kurt wird ein Gespräch schnell zu anstrengend. Er ist kein Dummkopf, aber er investierte seine Intelligenz vornehmlich in sein Berufsleben, in privater Gesellschaft glaubt er, unterhaltend sein zu müssen. Geradezu stolz ist er, wenn er wieder einmal eine Debatte mit läppischen Anekdoten abgewürgt hat, kaum, dass sie interessant zu werden versprach. Edith vermutet, dass sie deshalb nicht mehr eingeladen werden. Kurt geht den anderen offenbar genauso auf die Nerven wie ihr.

Ich rede wenigstens mit, sagte er, sobald sie ihm Vorhaltungen machte. Du sitzt dabei und sagst nichts. Du machst es dir leicht. Ich muss mich doppelt anstrengen, ich muss mir für uns beide etwas einfallen lassen.

Es stimmt, dass sie meistens schweigend zugehört hat, wenn sie in Gesellschaft waren. Sie schwieg, weil sie die anderen für kompetenter hielt und weil ihr die wirklich guten Argumente erst nachher einfielen. Lieber gilt sie als arrogant, als dass sie sich blamiert. Kurt blamiert sich ungeniert, nur dass er seine unpassenden Einlagen nicht als blamabel empfindet.

Sie hat Kurt genommen, um ihre Niederlage bei Harald zu kompensieren, was zur Folge hat, dass er sie bis heute daran erinnert, dass Harald sie verschmäht hat. Noch Jahre nach der Heirat mit Kurt musste sie plötzlich an Harald denken, wenn sie mit Kurt im Bett war. Nicht aus immerwährender Liebe zu Harald, das nicht, sondern weil Kurt einfach keine qualifizierte Kompensation für ihn war. Nicht einmal zum schlichten Ersatz taugte er, dabei hätte er ihn nach Möglichkeit toppen sollen, um ihr die Genugtuung zu verschaffen, die sie sich von ihm erwartete.

Harald war ihrer Anforderungsliste für einen präsentablen Ehemann ziemlich nahe gekommen, wenn man die Tatsache außer Acht ließ, dass er sich als unverlässliches Schwein entpuppt hatte. (Auf die Vermutung, dass sie seiner Anforderungsliste für eine präsentable Ehefrau nicht nahe genug gekommen war, ließ sie sich nicht ein.)

Ich hab dir nie etwas vorgemacht, hatte Harald gesagt, doch das stimmte nicht. Sie hatte den Eindruck gehabt, dass er es ernst meinte mit ihr, und wenn sie diesen Eindruck gewonnen hatte, dann musste er diesen Eindruck durch sein Verhalten geweckt haben. Dass er hinterher so tat, als habe sie sich bloß etwas eingebildet, war unfair. Sie hatte schon die Hochzeitsglocken läuten gehört, da machte er plötzlich Schluss. Plötzlich für sie, denn er erklärte, sie hätte doch längst merken müssen, dass es nicht stimmte zwischen ihnen. Was für ein *es* er meinte, war unklar, vielleicht die Tatsache, dass ihre Familie nicht so reich war wie seine, vielleicht ihre possessive Mutter, vielleicht eine

Sternzeichen-Unverträglichkeit, wie Kurt immer spöttisch sagt, sobald die Rede auf Trennungen kommt.

Harald: moralisch betrachtet also kein Verlust und trotzdem in mehrfacher Hinsicht ein von Kurt nie erreichtes Ideal. Harald hatte Stil und Geschmack. Haralds Manieren waren untadelig, er trat selbstsicher und bestimmt auf. (Kurt würde heute noch Socken zu Mokassins tragen und bei mehrgängigen Essen zum jeweils falschen Besteck greifen, wenn ihm Edith nicht Lektionen in Sachen Dresscode und Benehmen erteilt hätte.)

Harald war daran gewöhnt, respektvoll behandelt zu werden, er hielt es für sein naturgegebenes Recht, im Zweifel einen Sonderstatus zu beanspruchen. Mit Harald unterwegs zu sein war wie ein permanentes Upgrade. Harald hätte nie läppische Witze erzählt, wenn eine Kapazität über ihr Fachgebiet sprach.

Kurt war kein schlechter Liebhaber, sofern es ihr gelang, Harald aus ihren Gedanken zu verbannen, aber nicht selten fiel ihr Harald ein, während Kurt über ihr oder unter ihr lag, und schon bekamen Kurts Bemühungen, ihr lustvolle Reaktionen abzuringen, etwas verzweifelt Angestrengtes. Manchmal spielte sie ihm dann einfach einen Orgasmus vor, um die Sache zu einem Ende zu bringen, und dachte dabei an Harald.

Harald war es nicht wert, dass sie sehnsüchtig an ihn zurückdachte, trotzdem poppte er immer wieder wie ein Schachtelteufel in ihrem Kopf auf. Als ihr dieser Vergleich zum ersten Mal einfiel, musste sie kichern, und Kurt fragte irritiert: Was erheitert dich?

Kurt erhört zu haben, war ein Fehler. Ihr ganzes Leben lief danach in die falsche Richtung. Nichts ist so eingetroffen, wie sie es sich einmal ausgemalt hat, früher, vor Kurt und auch noch vor Harald. Die Erkenntnis ihres Scheiterns wurde im Lauf der Jahre immer deutlicher und immer schwerer zu ertragen, der lodernde Zorn darüber bringt sie an manchen Tagen fast um. Sie hat nach Kurt gegriffen, weil sie keine Niederlagen mehr riskieren wollte, und seitdem hängt er wie ein Klotz an ihr, das Einzige, was sie erleichtert, ist, ihm wehzutun.

Das Altersheim hatte ihm eine Nachricht geschickt. Man teilte ihm mit, dass Irene gestorben war und ihm ein paar persönliche Besitztümer hinterlassen hatte. Zunächst wollte er gar nicht darauf reagieren. Danach beabsichtigte er, die Hinterlassenschaft abzulehnen. Er empfand es als unangemessene Intimiät, Irenes Erbe sein zu sollen. Womit auch immer sie sich in seiner Erinnerung verankern wollte, er hatte keine Lust darauf, es zu sehen. Schließlich fuhr er aber doch ins Heim, um abzuholen, was nach ihrem letzten Willen ihm gehören sollte. Diesen posthumen Gefallen war er ihr schuldig. Er hatte sie schlecht genug behandelt, als sie am Leben war, Geringschätzung über den Tod hinaus wollte er ihr ersparen.

Im Büro der Heimleitung nahm er ein Päckchen entgegen und quittierte die Übernahme mit einer Unterschrift für den Notar. Auf dem Rückweg durch das Gebäude, in dem Irene ihre letzten Lebensjahre verbracht hatte (im Rollstuhl, wie er von der Heimleiterin wusste), beschleunigte er den Schritt. In den Gängen roch es so, wie er befürchtet hatte, nach Desinfektionsmitteln, kaltem Essen und säuerlichen Ausdünstungen. Allerdings schien die Sonne herein und durch die Fenster sah man auf Sträucher und eine Blumenrabatte. Hätte er Irene jemals besucht, hätte er vermutlich gesagt, wie schön es sei, dass sie inmitten eines kleinen Parks wohne. Schön für *sie*. Schön genug für sie. Immer, wenn Irene Anzeichen von Unzufriedenheit zeigte, hatte er heraufdräuende Klagen mit Hinweisen auf das Positive erstickt, an dem sie sich erfreuen solle. Was er Irene als Anlass zu Freude offerierte, hätte weder ihn noch Edith auch nur ansatzweise zufriedengestellt. Aber Irene spielte seiner Ansicht nach in einer Unterliga, und deshalb sollte sie gefälligst froh sein, weil die Sonne schien, ihre Zahnschmerzen nachgelassen hatten oder

der Firmenportier ihr Komplimente machte. (Sie erzählte ihm so etwas vermutlich in der Absicht, seine Eifersucht zu wecken. Als hätte er mit einem Pförtner um sie konkurrieren wollen!) Im Auto öffnete er die Schachtel, die er bekommen hatte. Er nahm eine abgewetzte Toilettetasche heraus, darin fand er ein paar Samtbeutelchen mit Irenes bescheidenem Schmuck. Eine Perlenkette, zwei Ringe, ein Armband, Perlenstecker für die Ohren. Die Perlengarnitur hatte er ihr einmal geschenkt, fiel ihm ein. Im Karton lagen keine Briefe, zu seiner Erleichterung. Aber ein weiterer, sorgfältig eingepackter Gegenstand fand sich auf seinem Grund. Er löste die Verschnürungen und entfernte das Papier. Zum Vorschein kam ein kleines Gemälde, Öl auf Leinwand, in einem hübschen, gepflegten Holzrahmen. Das Bild zeigte Hühner und einen bunten, glänzenden Gockel, die in einem Strohhaufen herumpickten. Kurt konnte sich nicht erinnern, ob er es jemals in Irenes Wohnung gesehen hatte, aber das besagte nichts. Er hatte sich nie besonders genau umgeschaut bei ihr. Vielleicht ein Familienerbstück. Irene hatte gelegentlich ihr Elternhaus erwähnt, was sie sagte, klang nach gutbürgerlichen Verhältnissen.

Unschlüssig wickelte er das Gemälde wieder in Papier, legte es mit dem Schmuck in die Schachtel zurück und schob die Schachtel daheim ganz nach hinten in eine Lade seines Schreibtisches. Edith findet es überflüssig, dass er einen Schreibtisch in der Wohnung stehen hat. Er beharrt jedoch darauf. Ohne den Schreibtisch gäbe es kein Möbelstück, das ihm allein gehört und nicht von Edith verwaltet wird.

Obwohl er wenig von Malerei versteht, schien ihm das Bild etwas wert zu sein. Inzwischen hat er es schätzen lassen und weiß, dass es ein Biedermeiermaler gemalt hat, keiner von den sehr bekannten, aber auch kein völlig unbekannter. Er hat den Namen schon wieder vergessen, den ihm die Expertin genannt hat. Jedenfalls hätte das Gemälde, so meinte sie, auf einer Auktion gute Chancen, einen Käufer zu finden. Hohe Summen seien damit nicht zu erzielen, ein stattliches kleines Sümmchen vermutlich schon.

Das Bild gefällt ihm, und er würde es gerne aufhängen, befürchtet aber Fragen von Edith. Soll er sagen, dass er es in einem Antiquitätenladen gesehen und spontan gekauft hat? Aber seit wann kauft er spontan Biedermeierbilder? Und was, wenn es Edith nicht gefällt?

Für ihre Eltern war Edith ein lang ersehntes Glück. Achtunddreißig war ihre Mutter bei ihrer Geburt, davor hatte sie fünfzehn Jahre lang vergeblich gehofft, schwanger zu werden. Kurt, wie Edith noch im großen Krieg zur Welt gekommen, hat frühe Kindheitserinnerungen an Bombenkeller und quälenden Hunger, Edith nicht. Ihrem Vater, einem tüchtigen Karrieristen erst unter den Nazis, dann beim Wiederaufbau, war es gelungen, Frau und Tochter vor den Beschwernissen zu bewahren, denen andere Menschen (solche wie Kurts Eltern) ausgeliefert waren. Edith saß in einem Nest aus Privilegien und Liebe. Ihre Mutter kreiste um sie wie um eine Sonne, assistiert von wechselnden Haushaltshilfen, die nach Ediths Geschmack kochten und hinter ihr herräumten. Früher, als Kurt Edith noch liebte, entschuldigte er ihre Unleidlichkeit mit diesem Übermaß an Zuneigung und Nachgiebigkeit, mit dem sie aufgewachsen war. Inzwischen ist er nicht mehr bereit, sie so bequem davonkommen zu lassen. Auch andere, sagt er sich, sind als Kinder verwöhnt worden und haben sich trotzdem nicht zu lupenreinen Egoisten entwickelt. Warum hat Edith die Liebe, die sie bekommen hat, nicht weitergegeben, wenigstens an ihre Kinder? Warum war sie nicht imstande, ihrer Mutter dankbar zu sein, statt sie abzuwehren wie ein lästiges Insekt? Zugegeben, Ediths Mutter war anstrengend, aber vielleicht war ihr stetiger Wunsch nach Nähe ja nur eine Reaktion auf die Distanz, in der Edith sie zu halten versuchte?

Sie behandelt mich wie ein Kind!, sagte Edith manchmal anklagend über ihre Mutter. Du benimmst dich ja auch wie ein verzogener Fratz, dachte Kurt dann, doch nie traute er sich, das laut zu sagen.

Sie waren mittagessen. Der Tag war sonnig, sie saßen im Freien, auf der Terrasse des Lokals, mit Blick auf den Wienfluss und die Jugendstilverbauung am anderen Ufer, Edith hatte sich sorgfältig zurechtgemacht, wie immer, wenn sie sich in der Öffentlichkeit zeigt. Die Stimmung zwischen ihnen war friedlich, zumindest nach dem bescheidenen Standard, den er inzwischen zur Definition ihres ehelichen Friedens heranzog. Einmal herrschte Edith die Kellnerin an, weil sie *mit oder ohne Gas?* fragte, obwohl Ediths Bestellung – ein stilles Mineralwasser! – eindeutig gewesen war.

Idiotin, sagte Edith, laut, kaum dass die Kellnerin sich umgedreht hatte. Kurt zuckte mit den Achseln und hütete sich, dem armen Mädchen entschuldigend zuzulächeln, als es wiederkam.

Davon abgesehen: keine Ausbrüche. Kurt blinzelte gegen die Sonne, Edith stocherte lustlos in ihrem Essen; als Kurt sich ein zweites Bier bestellte, sagte sie nichts, obwohl er erwartet hatte, dass sie ihn zurechtweisen würde, weil er zu Mittag schon anfing, Alkohol zu trinken. Normalerweise hätte sie zumindest missbilligend die Brauen hochgezogen. Sie hatte sich angewöhnt, Kurts Alkoholkonsum mit irritierter Miene oder befremdeten Fragen zu kommentieren, als leite er mit jedem Glas Bier oder Wein einen Rückfall in eine mühsam abgelegte Sucht ein. Außerdem hielt sie Bier für ein proletarisches Getränk.

Auf dem Heimweg nahm er ihren Arm, sie gingen langsam durch den Stadtpark wie ein altes Liebespaar, in Wirklichkeit aber stützte er sie nur, weil er fürchtete, dass sie auf ihren Absätzen umkippen könnte. Eigentlich sollte sie flache Schuhe tragen, doch ihre Eitelkeit verleitet sie immer wieder zu Schuhwerk, mit dem sie mittlerweile Probleme hat, das Gleichgewicht zu halten.

Dass Kurt fremdging, war ihr klar, möglicherweise schon ehe er es wirklich tat. Sexuelle Treue konnte man ihrer Überzeugung nach von Männern nicht erwarten. Früher oder später suchten sie die Abwechslung. Auch ihr Vater war fremdgegangen. Männer mussten erobern, sonst waren sie keine ganzen Männer. Vermutlich hätte sie Kurt noch mehr verachtet, wenn er monogam gewesen wäre, dass er wenigstens in diesem Punkt ihren Erwartungen entsprach, rettete ihm einen Rest Respekt ihrerseits.

Ihr Sohn Christian ist ein Waschlappen. Wie ein Hund hängt er ergeben an seiner mäßig attraktiven Frau (mäßig attraktiv nach Ediths Maßstäben, die zugegebenermaßen hoch sind) und setzt seine Karriere aufs Spiel, um mehr Zeit mit seinen ungezogenen Fratzen zu verbringen. Edith hat nicht gern Zeit mit ihren Kindern verbracht, hätte man ihr rechtzeitig gesagt, wie zermürbend langweilig der Umgang mit Kindern ist, hätte sie wahrscheinlich keine bekommen. Das darf man nie offen zugeben, vor anderen muss man immer behaupten, dass die paar rührenden Momente, die die Mutterschaft auch mit sich bringt, die Fadesse und den Ärger aufwiegen, die man mit ihnen hat, aber sich selber machte sie nichts vor. Sie fragte sich oft, wie es andere Mütter schafften, sich zu belügen und sich das öde Leben mit den Kindern schönzureden, denn dass sie die Wahrheit sagten, mochte sie nicht glauben.

Ihr Sexualleben mit Kurt versandete nach und nach, und das entsprach dem Bild, mit dem sie ihren Ehealltag insgesamt beschrieben hätte, wäre sie dazu genötigt gewesen. Eine karge, ausgetrocknete Landschaft, steiniger Sand, dann und wann ein paar Kakteen. Im Grunde war es eine Erleichterung, dass Kurt sie immer weniger bedrängte. Sollte er sich doch anderswo holen, was er brauchte. Sie selber brauchte nichts als das Wissen, dass sie jederzeit einen Liebhaber herbeischnippen konnte, wenn ihr danach war, die Männer waren interessiert an ihr, aber unter den Interessenten fand sich keiner, der ihren Anforderungen entsprochen hätte. Keiner führte sie in Versuchung. Das war schade, aber es bewahrte sie auch davor, ihren Körper womöglich einem Unwürdigen auszuliefern.

Kurts schäbige Liaison mit dieser Sekretärin missfiel ihr deshalb, weil sie so klischeehaft und kleinkariert war. Irgendwie hätte sie es verdient, mit einer interessanteren Frau betrogen zu werden. Aber vielleicht hätte es ihr ja zu schaffen gemacht, wenn sich eine interessantere Frau für Kurt begeistert hätte. Oder es hätte ihre Sicht auf ihn verändert und ihre Entscheidung für ihn nachträglich bestätigt. Dass ihn dieses kümmerliche Wesen, Irene Soundso, anhimmelte, war nicht verwunderlich. Es passte. Zur kümmerlichen Irene und zum kleinkarierten Kurt.

Sie sind daheim. Edith ist ins Bad verschwunden, er geht in das Kabinett, in dem sein Schreibtisch steht und das von ihm sein Arbeitszimmer genannt wird, obwohl er darin schon lange nichts mehr arbeitet. Er hat beschlossen, Irenes Bild aufzuhängen und sich eventuellen Auseinandersetzungen mit Edith zu stellen. Er weiß auch schon, welches Geschäft er ihr nennen wird, wenn sie fragt, woher er das Bild hat. Im fünfzehnten Bezirk gibt es einen verstaubten Altwarenladen, den er kürzlich durch Zufall entdeckt hat. Falls Edith dort Erkundigungen einziehen sollte (er glaubt zwar nicht, das sie das tun wird, aber man kann nie wissen), würde sie auf einen bärtigen Ausländer treffen, der kaum Deutsch spricht. Kurt war in dem Laden, er hat sich nach einem alten Fotoapparat erkundigt, der hinter schmutzigem Glas im Schaufenster lag, und festgestellt, dass es kaum möglich ist, mit dem bärtigen Kerl, der über den ausgemusterten Krempel wacht, zu kommunizieren.

Er öffnet die Lade, in der er Irenes Hinterlassenschaft verstaut hat. Das Papier, in das das Bild eingeschlagen war, liegt zerknüllt darin, aber das Bild fehlt. Verwirrt starrt er auf das Papierknäuel.

Suchst du das da?, fragt Ediths Stimme hinter ihm. Er dreht sich um. Edith steht da und hält das Bild in den Händen.

Ja, sagt Kurt und möchte hastig beginnen, seine Lügengeschichte abzuspulen, aber ehe er auch nur ein Wort von sich geben kann, lässt Edith das Bild mit einem harten Knall zu Boden fallen.

Was ..., stammelt Kurt erschrocken.

Edith lächelt ihn triumphierend an. Und triumphierend lächelnd tritt sie mit ihrem spitzen, hohen Absatz in das Bild, dreht sich auf dem Absatz um, hebt den Fuß und tritt an anderer Stelle erneut in die zerreißende Leinwand, immer wieder, so schnell, dass er nur fassungslos zuschauen kann.

Bist du verrückt?, bringt er schließlich mühsam hervor.

Sie lächelt ihn noch immer an. Das weißt du doch, erwidert sie.

Das Interview

——

Am Nachmittag beschloss die alte Frau, spazieren zu gehen, obwohl ihr kein Hund als Begleitung zur Verfügung stand. Zum Spazierengehen braucht man einen Hund, sonst hat das Herumhatschen keinen Sinn, sagte sie gern. Weil sie keinen Hund habe, komme sie so selten an die frische Luft. Ins Freie schon, aber nicht an die frische Luft. Die Luft war nicht frisch in den Straßen, in denen sie sich normalerweise bewegte. Sie machte sich auch gar nichts aus frischer Luft. Sie liebte großstädtisches Treiben. Vor die Entscheidung frische Luft oder Großstadt gestellt, hatte sie sich gegen die frische Luft entschieden.

Im Grünen spazieren zu gehen hieß Langeweile, vermutlich auch mit Hund. Nichts als Natur, keine Schaufenster, keine Menschenmengen, nur Pflanzen und langweilige, nicht enden wollende Wege durch nicht enden wollende Wälder.

Na ja, so endlos waren sie hier gar nicht, schließlich ging sie im städtischen Naherholungsraum umher, aber für sie nahmen Wälder, egal wo und wie groß, kein Ende, weil ihr dabei so langweilig war. Herumhatschen nannte sie es, sie diskriminierte das Spazierengehen sprachlich. Das war ihre Rache am Spazierengehen. An der Ideologie des Spazierengehens. An der gesellschaftlichen Überbewertung dieser sinnlosen Tätigkeit, der Sinn untergeschoben wurde durch die Behauptung, Frischluftkonsum sei lebensnotwendig. Sie zweifelte am Wahrheitsgehalt dieser Behauptung. Trotzdem hatte sie sich entschlossen, spazieren zu gehen. Es war eine Art Trotz gegen sich selbst, der sie dazu bewog. Sie konnte sich nicht recht leiden in letzter Zeit. Sie ging sich auf die Nerven. Sie schaute in den Spiegel und war nicht einverstanden mit dem, was sie sah. So sah sie nicht aus. So hatte sie nicht auszusehen. Dass sie alt aussah, störte sie nicht. Genauer gesagt, nicht mehr, sie hatte sich daran gewöhnt. Aber die Freudlosigkeit in ihrem Gesicht missfiel ihr.

Es war die Idee des alten Mannes gewesen, dass sie sich für ein paar Tage in den städtischen Naherholungsraum zurückziehen sollten. Normalerweise war er viel schwerer zu mobilisieren als sie, sie war diejenige, die immer wieder auf Tapetenwechsel drängte und etwas unternehmen wollte, während ihn das bloße Aussprechen des Wortes *unternehmen* auf der Stelle in eine Art narkoleptische Starre verfallen ließ. Zunächst hatte sie zu seinem runden Geburtstag etwas auf die Beine stellen wollen. (Erneut eine Redewendung, die heftige Abwehrreflexe bei ihm auslöste.) Da sie beide große Gesellschaften ermüdend fanden, schon gar in der Rolle der Gastgeber, hatte sie einen Städtetrip zu zweit vorgeschlagen, aber leider vergeblich. Er wolle, sagte er, einfach in Ruhe gelassen werden. Was es an Geburtstagen zu feiern gebe, rund hin oder her, habe er noch nie verstanden.

Sie hatte den Verdacht, dass er verfügbar sein wollte, falls sich eine Zeitung oder ein Radiosender (Fernsehen zog sie eher nicht in Betracht) an ihn erinnern und ihn um ein Interview bitten sollte. Aber dann überraschte er sie mit dem Entschluss, einen einwöchigen Aufenthalt in einem Wellnesshotel zu buchen, noch dazu in einem, das nicht einmal eine Stunde außerhalb der Stadt lag, und wo es rundherum nichts gab als Wald und Wiesen.

Sie war befremdet. Wozu den Komfort der eigenen Wohnung verlassen, wenn man quasi bloß um die Ecke fuhr, wo es außerdem nichts zu sehen geben würde?

Ärgerlich hatte sie versucht, ihm die Schnapsidee auszureden, worauf er heimtückisch plötzlich doch den Geburtstagsjoker ausspielte und erklärte, diese eine bescheidene Wellnesswoche sei genau das, was er sich zu seinem runden Wiegenfeste wünsche. Er sagte tatsächlich zu *meinem Wiegenfeste* und machte dazu ein treuherziges Gesicht, was sie, wie beabsichtigt, zum Lachen brachte.

Was wirst du dort tun?, fragte sie spöttisch. Kraftlos an Kraftmaschinen schnaufen? Im Pool auf und ab schwimmen? Durch Wald und Flur streifen?

Ihr Spott war nicht unberechtigt. Seit Jahren stemmte er seinen untrainierten Körper nur noch von einem Sessel in den anderen, Schwimmen verabscheute er, und für Spaziergänge im Grünen brachte er nicht mehr Begeisterung auf als sie.

Ich werde lesen, sagte er. Und vom Balkon aus ins Grüne schauen. Vielleicht gehe ich ja sogar in die Sauna. Und ich freue mich auf das Frühstücksbuffet.

Seit wann frühstückst du?

Wenn es ein Buffet gibt, frühstücke ich.

Auch das war neu. Sie war diejenige, die morgens gern üppig tafelte. Daheim nicht ganz so üppig wie an Buffets, aber jedenfalls mit Genuss. Er hingegen nippte nur an einer Tasse Kaffee und kaute allenfalls lustlos an einer Buttersemmel.

Nun waren sie seit zwei Tagen in diesem Hotel und bis jetzt hatte er sich weder in die Sauna bewegt noch den Lachs oder den Käse zum Frühstück auch nur angerührt. Sie war es, die verbissen den Pool durchpflügte – ganz allein übrigens, denn der Wellnesstempel war schlecht besucht –, und sie stapfte jetzt grimmig durch den Wald, als gelte es, den Zimmerpreis abzuarbeiten.

Sie hätte ihm gewünscht, dass sich eine Zeitung seines runden Geburtstags entsonnen und ihn interviewt hätte. Er hätte es verdient. Mochte er auch nicht ganz so brillant sein, wie er sich sah, so gescheit und rühmenswert wie die erfolgreichen Schwätzer, deren Geburtstage nicht vergessen wurden, war er allemal.

Ihr waren Ehrungen ihrer Person seit Längerem gleichgültig, aber sie hatte auch mehr davon abbekommen als er. Immerhin hatte man ihr, ehe Klinik und Universität auf ihre Forschungstätigkeit verzichteten, noch das Goldene Verdienstzeichen umgehängt, und all die Jahre davor war sie in den Medien ausführlich zu Wort gekommen, wenn es darum ging, zu Fragen der Gesundheitspolitik Stellung zu nehmen. Irgendwann war sie allerdings der ständigen Selbstinszenierung müde geworden, die nötig war, damit man Aufmerksamkeit für seine Ideen kriegte. Mit Erleichterung stellte sie fest, dass andere Menschen ebenfalls brauchbare Konzepte vorweisen konnten, und überließ ohne Bedauern Jüngeren das Feld.

Der alte Mann gab ebenfalls vor, über der lächerlichen Willkür zu stehen, mit der fragwürdiger Lorbeer von fragwürdigen Instanzen an mehr oder weniger Nichtswürdige verteilt wurde, aber es gelang ihm nicht, die Bitterkeit darüber zu verbergen, dass sein Stern seit Langem verglüht war. Andere wurden gefragt und zitiert, er jedoch nicht mehr, weil es ihm nicht gelungen war, sich halbwegs erfolgreich im medialen Bewusstsein zu verankern. Er lehnte es ab, sich zu vermarkten, er wollte vielmehr um Stellungnahmen gebeten werden. Es war unter seiner Würde, sich von sich aus zu Wort zu melden. Er fand seine Philosophenkollegen peinlich und unseriös, die sich in halbseidenen Talkshows über halbseidene Themen ausließen, aber er neidete ihnen ihren halbseidenen Ruhm.

All die Jahre hatte sie immerzu Rücksicht auf sein volatiles Ego genommen. Er tat, als vergönne er ihr jeden ihrer bescheidenen Erfolge, aber sie wusste, dass es ihm schwerfiel. Ab und zu ging die Frustration mit ihm durch, dann brach er einen Streit vom Zaun, und vielleicht hätte es dem häuslichen Frieden genützt, wenn sie ihn dabei hätte gewinnen lassen. Aber so weit ging ihre Selbstlosigkeit nicht. Sie stritt so erbittert wie er, gnadenlos zerpflückte sie seine Argumente, obwohl sie wusste, dass er sich allenfalls dazu herablassen würde, ein Patt auszurufen, auch wenn sie ihn ihrer Ansicht nach gerade vernichtend geschlagen hatte.

Eine schlichte Hausmaus, die er mit links in ihre intellektuellen Schranken hätte weisen können, wollte er nicht. Er brauchte die Herausforderung. Und er schmückte sich vor anderen mit ihr und ihrem Renommee. Aber ihm gefiel die Vorstellung, dass sie, eine weithin respektierte Person, privat in ihm ihren Meister gefunden hatte. Und von diesem hohen Ross musste sie ihn immer wieder herunterzerren.

Armer alter Mann. Er hatte es nicht leicht. Überhaupt und mit ihr. Einerseits. Andererseits konnte er froh sein, dass sie ihn so nahm, wie er war, andere Frauen hätten ihn vielleicht ständig dazu bringen wollen, Karriere zu machen. Sie hätte zwar nichts dagegen gehabt, wenn er ein bisschen mehr beigetragen hätte zu ihrem gemeinsamen Sozialprestigekonto, aber es störte sie auch nicht, dass sie nicht mit ihm angeben konnte. Besser als umgekehrt; sollte heißen, was immer sie ihm Gutes wünschte, die Bereitschaft, mit ihm zu tauschen, gehörte nicht dazu.

Sie hatte den Wald verlassen und vor ihr tauchte die kleine Kapelle auf, bei der sie ihren Spaziergang begonnen hatte. Offenbar war es ihr wie beabsichtigt gelungen, in einem weiten Bogen zu ihr zurückzukehren. Wieder einmal war sie mit ihrem Orientierungssinn zufrieden. Der alte Mann brauchte Landkarten und Stadtpläne, um sich in kaum bekanntem Gelände zurechtzufinden, sie folgte ihrem inneren Navigator, nachdem sie sich flüchtig über die ungefähre Lage der angepeilten Ziele informiert hatte. Du musst in einem früheren Leben ein Zugvogel gewesen sein, pflegte der alte Mann verdrießlich zu sagen, seit er sich damit abgefunden hatte, dass sie zielsicher die richtige Richtung einschlug, während er noch immer ratlos den Stadtplan drehte und wendete. Seiner Resignation waren wütend ausgetragene Wettkämpfe vorausgegangen. Als sie vor vielen Jahren zum ersten Mal in Rom waren, mochte er nicht glauben, dass sie die Stadt, anders als er, nie zuvor besucht hatte. Sie hatten sich vorübergehend getrennt, weil sie länger als er auf dem Campo dei Fiori bleiben wollte, und sich für nachher beim Pantheon verabredet. Als sie leichtfüßig auf ihn zuschritt, sagte er: Toll, du hast dich gar nicht verirrt!

Warum sollte ich mich verirren?, fragte sie.

Weil du hier fremd bist.

Ja und? Ist eh alles ausgeschildert.

Trotzdem. Du wirst doch wohl den Stadtplan gebraucht haben.

Geh bitte. Wir rennen seit gestern hier herum, da merk ich mir doch was.

Als sie sich weiterhin mit instinktiver Sicherheit zurechtfand, während er Mühe hatte, sich die Wege zu merken, wurde er ärgerlich.

Du nimmst mich auf den Arm, sagte er, gib zu, dass du dich hier auskennst, bestimmt warst du schon öfters da.

Nein, noch nie.

Ich verstehe nicht, warum du lügst. Das ist kindisch.

Wenn hier jemand kindisch ist, dann du.

Am Ende hatten sie einen ernsthaften Streit, und sie wäre fast ohne ihn vorzeitig zurückgefahren. (Sie studierten damals beide noch und waren mit der Bahn gekommen, Flüge konnten sie sich nicht leisten.)

Alter Mann, sagt sie zu ihm. Du bist ein alter Mann, finde dich damit ab. Er schmeichelt sich, jünger auszusehen, als er ist. Früher hat er mit Anekdoten geprotzt, die das belegen sollten. Wie er immer wieder, lange Jahre, fast bis kurz vor seiner Emeritierung, für einen Studenten gehalten worden sei und nicht für den Professor! Wie die neue Ordinationshilfe der Zahnärztin geglaubt habe, das Geburtsdatum auf seiner Sozialversicherungskarte sei falsch. Wie ihm die hübsche junge Verkäuferin erst kürzlich ein bestimmtes Sakko ausgeredet habe, weil das nur etwas für ältere Herren sei.

Kürzlich, was heißt kürzlich?, fragt sie dann spöttisch dazwischen. Vor zwanzig Jahren?

Sie findet nicht, dass er jünger aussieht, jedenfalls nicht jünger als sie, und sie ärgert sich, wie er beharrlich ausschließlich andere als betagt wahrnimmt, sich selber aber nicht. Lauter alte Zausel, sagt er zum Beispiel mit Blick auf das Publikum, wenn sie ihn in Klassikkonzerte verschleppt, und er sagt es wie ein Jungspund, der sich in die falsche Gesellschaft verirrt hat.

Die alten Zausel hier sind bestimmt jünger als du, alter Mann, erwidert sie dann streng. Und ehe er zu Wort kommt, fügt sie hinzu: Ja, und ich bin eine alte Frau. Ich weiß das, du kannst es für dich behalten.

Weil sie sich selber nicht schont, muss er es hinnehmen, dass sie ihn alter Mann nennt.

Als sie zurückkommt, sitzt er vor dem Fernseher und liest. Auf dem Bildschirm fetzen zwei Tennisspieler Bälle übers Netz, allerdings lautlos, weil er offenbar den Ton abgestellt hat. Er legt sein Buch weg, als sie ins Zimmer tritt. Sein Gesichtsausdruck ist anders als sonst, er sieht aus, als bemühe er sich, ein sattes Grinsen zu unterdrücken.

Na, gut gewandert?, fragt er.

Sie schlüpft aus ihrer Jacke. Ja, sagt sie, ich habe meinen Körper enorm ertüchtigt. Hätte deinem auch nicht geschadet.

Er lächelt mild und hebt entschuldigend eine Hand. Sie hängt die Jacke an die Garderobe.

Ich bin angerufen worden, sagt er dann, scheinbar gleichgültig, wie nebenbei, morgen kommt die Korrespondentin vom *Globus* vorbei, sie will mich interviewen.

Wow, sagt sie und streift ihre Sportschuhe ab, Gratulation.

Er zuckt die Achseln. Übertreib nicht. Kein Grund zur Aufregung.

Na hör einmal! Der *Globus*! Freut mich für dich.

Ich sag es dir nur wegen der Zeitplanung. Falls du etwas unternehmen willst. Zwischen vier und sieben bin ich beschäftigt. Schätzungsweise. Also ab vier. Es soll ein ausführliches Gespräch werden. Was immer die darunter versteht.

Du meinst diese kluge Frau, die den *Globus* hierzulande vertritt? Die interviewt dich?

Ja, die.

Find ich toll. Ehrlich.

Krieg dich ein. Sollen sie mir irgendeinen Lehrling schicken?

Das meine ich doch nicht.

Du hast ja recht. Man weiß nie, mit welchen Idioten man es zu tun bekommt. Aber sie ist okay, glaube ich.

Na klar. Wir haben sie bisher immer kompetent gefunden. Bei jeder Diskussion, die wir mit ihr gesehen haben.

Stimmt. Und sie ist sehr attraktiv.

Ist sie.

Er lächelt hinterhältig. Bist du sicher, dass dir das recht ist?

Sie verdreht leicht die Augen. Nein, ich schäume vor Eifersucht. Zufrieden?

Das übliche Spiel. Zu den Regeln gehört, dass sie so tun, als gäbe es keinen Zweifel an seinem Status als begehrenswerte Jagdbeute für Frauen aller Klassen und Altersstufen.

Im Gegenzug gibt er vor, sie ebenfalls als umschwärmtes Sexobjekt wahrzunehmen. (Oder glaubt er gar im Ernst, dass der freundliche junge Kellner sie so zuvorkommend behandelt, weil er insgeheim lüsterne Blicke auf sie wirft? Das wäre ja geradezu rührend.)

Sie gehen zum Abendessen. Das Hotelrestaurant ist schütter besetzt. Sie sind außerhalb der Saison hier, deswegen war die Wellnesswoche billig. Im Paket, das sie gebucht haben, ist ein viergängiges Candlelight-Dinner inkludiert. Sie hat ein rotes Kleid angezogen, das in die Kategorie Kleines Schwarzes gehört, und ihre Wimpern getuscht. Den Aufwand hätte sie sich sparen können. Niemand hier, der ihn lohnt. Graue, nachlässig gekleidete Paare an den wenigen besetzten Nebentischen. Der alte Mann schaut vergnügt in die Speisekarte, die sie missmutig studiert.

Schau mal, wir kriegen Thunfisch-Carpaccio!, sagt er.

Ich mag kein Thunfisch-Carpaccio, sagt sie.

Seit wann?

Schon immer.

Das ist doch nicht wahr. Vor einer Woche hast du mich gezwungen, mit dir zu diesem Italiener zu gehen, weil du das Thunfisch-Carpaccio dort so gut findest.

Tatar. Das war Thunfisch-Tatar.

Ist beides rohes Flossentier, oder?

Sie richtet in stummer Qual die Augen gegen Himmel.

Er hebt sein Weinglas. Auf dich!

Sie nippt.

Schmeckt er dir nicht?

Na ja. Rabiatperle, Nordhang. Oder?

Er schaut gekränkt und seufzt.

Entschuldige, sagt sie. War nicht so gemeint.

Das Beiried mit der Steinpilz-Polenta schmeckt ihr. Wenn sie ehrlich ist, hat ihr auch das Thunfisch-Carpaccio geschmeckt. Die Kerzen auf dem Tisch flackern im Halbdunkel des Speisesaals. Entspannt prostet sie ihm versöhnlich zu.

Hat der *Globus* eigentlich dich jemals interviewt?, fragt er.

Sie denkt kurz nach. Ich glaube nicht, sagt sie.

Ja, kommt mir auch so vor, bestätigt er. Komisch, nicht?

Warum?

Na, hör einmal. So ein wichtiges Qualitätsblatt. Man sollte meinen, dass die sich für dich interessiert haben.

Anscheinend nicht.

Na ja. Dafür hat dich der Boulevard geliebt.

Welcher Boulevard?

Du weißt schon. All diese Zeitungen, die dich bei jeder Gelegenheit angerufen haben.

Willst du damit sagen, das waren lauter Drecksblätter?

Nein. Ich habe lediglich gesagt, es ist sonderbar, dass dich der *Globus* nie interviewt hat, die Yellow Press hingegen schon.

Yellow Press?

Sei doch nicht so gereizt. Bist du neidisch?

Auf dich?

Ja.

Weil dich der *Globus* interviewt?

Warum sonst?

Sie schüttelt den Kopf. Das ist mir zu schräg. Darauf steige ich nicht ein.

Er lächelt verhalten und säbelt einen Bissen von seinem Steak.

Am nächsten Morgen fragt sie: Willst du so bleiben?

Er trägt ausgebeulte Jeans, ein zerknittertes Hemd und eine Wollweste, die an den Ellbogen fast durchgescheuert ist.

Was hast du an mir auszusetzen?, fragt er zurück.

Ich dachte nur, du willst dich der schönen Frau vom *Globus* vielleicht ein bisschen ansehnlicher präsentieren.

Er lehnt sich behaglich zurück. Das Croissant, von dem er abbeißt, hinterlässt Krümel auf seiner Brust.

Früher hat sie ihm gepredigt, dass man in Croissants nicht hineinbeißt, sondern sich kleine Stücke davon herunterreißt. Inzwischen weiß sie, dass er auf solche Belehrungen justament mit einer rapiden Verschlechterung seiner Tischmanieren reagiert. Ist ja auch egal.

Schatz, sagt er jetzt (Schatz ist eine Anrede, die sie nur parodierend verwenden, meistens, um den anderen in die Schranken zu weisen), Schatz, die schöne Frau kommt, um mit mir ein intelligentes Gespräch zu führen. Ich werde sie durch meinen Geist beeindrucken und nicht durch mein Styling.

Wie du glaubst.

Aber bitte – er wischt sich weitere Krümel vom Kinn –, aber bitte, wenn es dich glücklich macht, kann ich mich auch aufbrezeln. Was für ein Outfit empfiehlst du mir?

Du bist erwachsen. Zieh an, was du willst.

Nein, nein, du hast mich kritisiert. Du musst mir sagen, was du möchtest, dass ich anziehe.

Sie schaut ihn spöttisch an. Ich durchschaue dich, sagt sie. Du willst dich aufbrezeln, aber ich soll glauben, du tust es mir zuliebe.

Nie würde ich sowas Hinterhältiges tun, beteuert er mit falscher Treuherzigkeit.

Sie lacht. Hör auf, wir wissen beide, hinterhältig ist dein zweiter Vorname.

Schließlich berät sie ihn doch bei der Auswahl des Outfits, in dem er am Nachmittag der Korrespondentin der bedeutenden Qualitätszeitung *Der Globus* gegenübertreten wird. Sie sind mit leichtem Gepäck hier, aber wie sich zeigt, hat er das Passende dabei. Sie erspart sich einen Kommentar.

Dann schaut sie auf ihre Uhr. Du hast noch massenhaft Zeit. Du könntest mit mir schwimmen gehen.

Er schüttelt abwehrend den Kopf. Ach nein, ich lege mich lieber ein bisschen hin.

Während sie im Pool einsam ihre Bahnen zieht, denkt sie über die Einladung nach Ulan Bator nach. Keynote Speaker bei einer internationalen Konferenz über Präventionsmaßnahmen im Rahmen eines WHO-Programms zur Bekämpfung von gastrointestinalen Erkrankungen sein zu sollen, ist zweifellos ehrenhaft. Eigentlich war sie trotzdem entschlossen, sich den Auftritt zu schenken. Sie hat genug von Konferenzen und Kongressen. I've had my fair share, sagt sie, wenn die Rede darauf kommt. Ist ja wahr. Und apropos gastrointestinal: Sie weiß schon jetzt, dass sie das Essen nicht vertragen wird. Abgesehen davon schreckt sie die mühsame Anreise. Schätzungsweise sechzehn Stunden im Flieger. Zwischenlandung in Moskau. Wer denkt sich denn solche Kongressorte aus?

Andererseits war sie noch nie in der Mongolei. In Ulan Bator steht der Winterpalast des Bogd Khan, wie sie heute Nacht in Wikipedia gelesen hat. Der alte Mann schlief bereits (warum hat er sich eigentlich jetzt schon wieder hingelegt, wenn er ohnehin die ganze Nacht verschnarcht hat?), als sie auf ihrem Mobiltelefon Ulan Bator gegoogelt hat. Winterpalast, das klingt nach St. Petersburg, und tatsächlich ist das Haupthaus der Tempelanlage, die Winterpalast genannt wird, ein Geschenk von Zar Nikolaus dem Zweiten. Ja, googeln bildet, was immer die Bedenkenträger dagegen einzuwenden haben.

Außerdem ist das mongolische Gesundheitswesen interessant, es gibt eine staatliche Pflichtversicherung, und die medizinische Versorgung ist für alle Mongolen kostenfrei. Das wird die US-amerikanischen Kollegen wieder einmal verblüffen.

Sie steigt aus dem Pool, geht unter die Dusche, trocknet sich ab, wickelt sich in den hoteleigenen Bademantel und fährt hinauf in ihr Zimmer. Er hat sich schon umgezogen und sitzt in einem Schlachtfeld aus Zeitungsseiten am Fenster. Sie haben beide die Neigung, Zeitungen beim Lesen in ihre Einzelteile zu zerlegen, sodass Nachleser sich durch zerfledderte, geknüllte Papierhaufen wühlen müssen und Mühe haben, die Fortsetzung einzelner Artikel zu finden. Deswegen kann sie ihn jetzt auch nicht rügen. Wer zuerst kommt, hat das Erstrecht auf Verwüstung.

Im Vorbeigehen fährt sie ihm spielerisch durch die kurzen, grauen, stoppeligen Haare. Schön, dass er noch so viele hat. Sie würde ihn auch mit Glatze nicht verstoßen – nicht wegen einer Glatze, genau genommen –, aber so ist es besser.

Zerstör meine kunstvolle Frisur nicht, sagt er, nachher muss ich wieder stundenlang toupieren.

Toupieren ist out. Und zwar seit ungefähr fünfzig Jahren.

Du hast doch keine Ahnung.

Sie schlüpft aus dem Bademantel.

Ich glaube nicht, dass das der passende Aufzug ist, um Frau Hansen zu empfangen, bemerkt er.

Ich empfange sie nicht. Ich mache mich stadtfein und fahre in den nächsten Ort. Und während du Frau Hansen die Welt erklärst, schau ich mir an, was sie dort zu bieten haben.

Na bitte, sagt er. Was du durch mich alles kennenlernst. Und du wolltest nicht hierher, undankbares Weib.

Sie hakt ihren BH zu und nimmt frische Jeans aus dem Kasten. Ja, sagt sie, ich komme viel herum. Demnächst sogar bis nach Ulan Bator.

Er lässt die Zeitungsseite sinken, in der er gerade gelesen hat. Wie das?

Eine WHO-Konferenz. Ich soll die Keynote halten.

Ich denke, mit den Konferenzen ist Schluss?

Ach, weißt du, sagt sie, während sie einen Pullover überstreift, ich kann die Veranstalter nicht hängenlassen. Die wollen mich unbedingt. Das wird eine große Sache. Teilnehmer aus zwanzig Ländern. Es wäre doch irgendwie unfair, abzulehnen.

Er legt die Zeitung langsam weg. Natürlich, sagt er. Das kannst du nicht machen. Bestimmt gibt es auf der ganzen Welt keinen Menschen, der so kompetent ist wie du.

Sein Gesicht hat etwas Verkniffenes bekommen, nie vorher hat sie bemerkt, dass seine Lippen von so vielen senkrechten Furchen umgeben sind, es sieht aus, als wäre sein Mund die zugezurrte Öffnung eines Beutels.

Sie zieht eine Braue hoch. Schätzchen, sagt sie ironisch, das ist tatsächlich fast genau so. Sonst hätte man mich nicht eingeladen.

Das Telefon neben einem der Betten klingelt. Sie hebt ab, weil er nicht reagiert. Die Rezeption meldet sich. Eine Frau Hansen warte auf den Herrn Professor beim Empfang.

Sie legt auf und sagt: Sie ist schon da. Du musst hinunter. Toi, toi, toi.

Er steht auf und geht zur Tür. Sie schaut ihm nach. Er bewegt sich, als hätte man ihm die Luft ausgelassen.

Vergiss den Schlüssel nicht, sagt sie freundlich und reicht ihm die Plastikkarte, die zum Öffnen der Zimmertür dient.

Die Feinde

—

Die Feindin stürmt morgens ins Zimmer und reißt die Vorhänge zur Seite. Jetzt lassen wir die Sonne herein!, ruft sie. Ihre Ankündigung ist eine fromme Lüge, denn die Sonne, falls sie draußen scheint, wird von hohen Nadelbäumen vor dem Fenster davon abgehalten, ins Zimmer vorzudringen.

Schön, wie grün du es hier hast!, sagen Elisas Besucherinnen immer mit beherzter Begeisterung. (Besucherinnen, weil fast nur noch Frauen zu ihr kommen. Männer sterben früher. Wenn sie noch leben, sind sie gebrechlich oder bequem oder mieselsüchtig. Männer gehen, wenn sie nach draußen gehen, nicht an trostlose Orte.)

Elisa lebt jetzt an einem trostlosen Ort, den ihre Besucherinnen schönzureden versuchen, indem sie die Nadelbäume vor ihren Fenstern als lebensqualitätssteigerndes Grün preisen. Sie hat sich abgewöhnt, etwas dazu zu sagen.

Die heutige Feindin ist eine Eingeborene. Sie redet Elisa mit ihrem Familiennamen an. Die Feindin aus der Slowakei sagt Oma zu ihr, ebenso die philippinische. Das fällt ihnen leichter in der fremden Sprache.

Sie traut sich nicht, den Oma-Sagerinnen das Oma-Sagen zu verbieten. Ich bin doch nicht Ihre Großmutter!, hat sie einmal lächelnd zur slowakischen Feindin gesagt, aber die lachte nur. Doch, Oma, bist du meine Oma!, sagte sie und drückte Elisa einen schmatzenden Kuss auf die Wange. Ein Kuss wie ein Stempel, dachte Elisa. Sie hat mich abgestempelt als Oma.

Als sie es Anna gegenüber ansprach, verdrehte die genervt die Augen. Sei nicht immer so arrogant, Mama! Mama. Nie mehr Mami, wie früher. Offenbar zu zärtlich. Anna findet die Feindinnen aus dem Osten, egal, ob aus dem Nahen oder dem Fernen, viel warmherziger als die einheimischen. Sie sieht in der Anrede Oma eine Form der liebevollen Zuwendung für ihre Mutter. Es entlastet sie, wenn andere Menschen liebevoll zu ihrer Mutter sind. Erleichtert delegiert sie das Liebevollsein an die Frauen aus dem Osten.

Elisa findet die Feindinnen nicht liebevoll, sondern geschäftsmäßig freundlich, was besser ist, als wenn sie grob und ständig angewidert wären wie die – übrigens einheimische – Nachtschwester. Aber sie findet sie auch anmaßend. Sie behandeln Elisa wie eine Unterlegene, statt Respekt vor ihr zu haben. Sie belächeln sie, weil sie dicke Bücher liest und Musik hört, die sie nicht kennen. Sag, Oma, was ist denn das für ein Roman?, fragen sie lachend und zeigen auf das Buch, das auf Elisas Nachttisch liegt. Eine Liebesgeschichte?

Einmal sagte sie zu einer der Feindinnen würdevoll: Ich lese ein Buch über das Leben von Friedrich Engels. Die Feindin lachte gutmütig. Okay, Oma, wenn macht es dir Spaß.

Die heutige Feindin hat die Vorhänge aufgerissen und hilft Elisa jetzt aus dem Bett. Die Feindin riecht nach säuerlichem Schweiß, denn sie ist eine dicke Frau und dicke Menschen geraten leicht ins Schwitzen. Elisa bemüht sich, ihren Widerwillen im Zaum zu halten. Wenn sie könnte, würde sie auf Riechdistanz gehen. Aber leider ist sie darauf angewiesen, dass die Dicke sie ins Bad begleitet und darauf achtet, dass sie nicht hinfällt.

Wenigstens kommt sie nicht auf die Idee, sie auf die Wange zu küssen. Freiwillig tauscht Elisa Wangenküsse – Luftküsse, eigentlich – immer noch mit ihren Freundinnen, und früher hat sie Menschen auch umarmt und an sich gedrückt, wenn ihr danach war. Damals war sie Spenderin, jetzt ist sie Almosenempfängerin. Statt nach eigenem Gutdünken geben zu dürfen, soll sie nehmen, was sie kriegt. Hinnehmen und genommen werden, das ist jetzt ihre Rolle. Um die Schultern wird sie genommen, ohne sich wehren zu können, dankbar soll sie sein, wenn sie gedrückt und abgeküsst wird wie ein Haustier. Die meisten Alten leiden, weil man sie nicht berühren mag, warum empfindet sie das Angegriffenwerden als Angriff, statt sich darüber zu freuen?

Als Elisa ein Kind war, wurden Kinder geküsst, egal, ob es ihnen recht war oder nicht, das ist heute nicht mehr so, inzwischen weiß man, dass Kinder kleine Persönlichkeiten sind, auf deren Autonomie es Rücksicht zu nehmen gilt. Aber auf die Alten tätschelt man ein, ohne zu fragen.

Heute kommt die Fußpflegerin!, sagt die Dicke. Sie kündigt die Fußpflegerin an wie einen Höhepunkt des Tages. Elisa zuckt zusammen. Die Fußpflege ist seit Langem eine Qual für sie. Ihre Zehennägel verhornen, Hornschicht wächst auf Hornschicht, in beängstigender Schnelligkeit, die Fußpflegerin muss ihre Zehennägel mit einer Fräse bearbeiten, damit sie nicht zu buckligen Vogelklauen werden. Nicht alle alten Menschen leiden unter dieser Gemeinheit der Natur, manche Frauen in Elisas Alter haben Fußnägel wie junge Dinger, erzählte die Fußpflegerin. Sie haben ja Nägel wie ein Püppchen, sage sie zu denen, das freut die alten Frauen, denen schon ewig niemand mehr etwas Püppchenhaftes nachgesagt hat. Aber leider, Elisa gehört nicht zu dieser privilegierten Kaste, die Bearbeitung ihrer Füße fällt in die Kategorie mühsame Restaurierungsversuche, beschwerlich und schmerzhaft.

Dir geht's gut, rief Katharina, als sie hörte, dass ihrer Großtante die Füße von einer Fachkraft gepflegt werden. Dir geht's gut! Ich schaffe es einfach nicht zur Pediküre, ich schneide meine Nägel selber, schnell, schnell, Füße auf dem Badewannenrand. Manchmal rutsche ich ab, dann schneide ich mir in die Zehen. Sie lachte, um zu zeigen, wie tapfer und tüchtig sie ist.

In deinem Alter habe ich meine Zehennägel auch selber geschnitten!, erwiderte Elisa verstimmt. Katharina hörte nicht hin. Sie war längst dabei, die vielen Pflichten aufzuzählen, die sie daran hinderten, auch einmal an sich selber zu denken. Manchmal frage ich mich, wie ich das alles hinkriege!, sagte sie, voll Bewunderung für sich, und Elisa war froh, dass Anna nicht dabei war, weil Anna sonst nachher lange, giftige Schmähreden auf Katharina losgelassen hätte.

Sie haben ja Ihre Hyazinthe nicht gegossen!, ruft die Dicke, als sie Elisa in ihren Sessel am Tisch gesetzt und ihr das Frühstück hingestellt hat. Schauen Sie, ganz vertrocknet! Die arme Blume!

Elisa hat durchaus eine Neigung dazu, Pflanzen, Tieren und sogar Gegenständen eine Seele zuzugestehen, aber der moralische Appell in Sachen vertrocknete Hyazinthe lässt sie kalt. Vertrocknen gehört zum Pflanzenlos, basta. Und Blumenbetreuung ist nichts, wonach sie sich sehnt. Sie hat um die Hyazinthe nicht gebeten.

Das Heim hat im Garten eine Ecke eingerichtet, die von den Seniorinnen bepflanzt und gepflegt werden soll. Elisa hat sich von Anfang an geweigert, Interesse für dieses Projekt aufzubringen. Sie sollte beobachtend, im Rollstuhl, daran teilnehmen, eventuell hätte man ihr auch irgendwelche Töpfe mit Blumenerde in die Hand gedrückt, wenn sie sich nicht von vornherein gesträubt hätte. Die Hyazinthe in ihrem Appartement war ein letzter Versuch der Heimleitung, sie doch noch zum Gärtnern zu bewegen.

Aber macht Ihnen der Umgang mit der Natur denn keinen Spaß?, fragte die Anstaltsärztin, die nicht Anstaltsärztin heißt, weil die Anstalt nicht Anstalt genannt werden darf.

Ich bin nicht auf Spaß aus, erwiderte Elisa.

Die Anstaltsärztin sah sie mit schiefgelegtem Kopf an, lächelnd, und wartete auf eine Erklärung. Sondern?, fragte sie, als Elisa nichts hinzufügte.

Auf Freude, sagte Elisa.

Die Anstaltsärztin lächelte unbeirrt. Also gut, sagte sie mit therapeutischer Geduld, dann frage ich Sie so: Macht Ihnen der Umgang mit der Natur denn keine Freude?

Nein, sagte Elisa.

Die Anstaltsärztin wartete.

Da gibt es nichts zu erklären, sagte Elisa. Ich interessiere mich nicht für Erdarbeiten.

Wofür interessieren Sie sich dann?

Philosophie. Geschichte. Literatur. Unter anderem. (Ja, großspurig. Wann hat sie zuletzt ein philosophisches Buch gelesen?)

Ich weiß, sagte die Anstaltsärztin, Sie lesen sehr viel, aber das Lesen ist doch eine sehr einsame Beschäftigung, oder nicht?

Elisa erinnerte sich daran, wie sie seinerzeit versucht hatte, die kleine Anna zum Lesen zu bringen. Probier es. Auf einmal bist du in einer anderen Welt.

Anna liest mittlerweile, aber nur Zeitungen, Zeitschriften, Sachbücher und alles Mögliche im Internet. Die Welt der schönen Literatur hat sich ihr nie erschlossen.

Elisa betrachtete die Anstaltsärztin und beschloss, dass es keinen Sinn haben würde, sie über das Bücherlesen aufzuklären.

Sie seufzte. Ich weiß, Sie meinen es gut, sagte sie, aber können Sie mich nicht einfach in Ruhe lassen?

Ihre Tochter macht sich Sorgen um Sie.

Das muss sie nicht. Es geht mir gut.

Wirklich?, fragte die Anstaltsärztin.

Nein, natürlich nicht. Die dumme Fragerei macht aber nichts besser. Sie hat sich damit abgefunden, dass es ihr nicht gut geht, mehr kann man von ihr nicht verlangen. Sie ist abhängig, angewiesen auf andere bei alltäglichen Verrichtungen, sie wird Oma genannt von Frauen, die definitiv nicht ihre Enkelinnen sind, sie kann nicht allein aufs Klo gehen, das Lesen fällt ihr zunehmend schwer, sie weiß nicht, ob es an ihren Augen liegt oder daran, dass ihr Hirn langsam geworden ist; all diese Widrigkeiten nimmt sie hin, weil sie keine andere Wahl hat, aber man soll bitte nicht von ihr erwarten, dass sie den ganzen Ärger glücklich vergisst, sobald man ihr aufträgt, eine Hyazinthe zu gießen!

Eine persönliche Frage, sagte Elisa zur Anstaltsärztin. Sie haben doch einen interessanten Beruf. Würden *Sie* sich lieber der Blumenpflege widmen?

Aber ja, ich liebe die Gartenarbeit!, rief die Anstaltsärztin enthusiastisch. Mein Garten ist meine große Leidenschaft. Beim Gärtnern hole ich mir neue Kraft.

Dumm gelaufen. Elisa zeigte sich in Gedanken den Mittelfinger. (Ja, so ordinäre Gesten kennt sie. Komisch, dass die Jüngeren immer finden, die Alten müssten fein und zimperlich sein.)

Die Ärztin nahm einen neuen Anlauf. Spielen Sie Bridge? Es gibt hier immer wieder Leute, die einen Vierten für Bridge suchen. Wäre das etwas für Sie?

Ich hasse Bridge, sagte Elisa. Ich habe es nie kapiert.

Vielleicht wollten Sie es gar nicht lernen?

Richtig.

Sie könnten Bridge eine neue Chance geben. Oder einem anderen Spiel. Einem weniger komplizierten vielleicht.

Ich interessiere mich nicht für Spiele, sagte Elisa, mittlerweile verzweifelt. Ich habe mich schon als Kind geweigert, bei Mensch ärgere dich nicht mitzumachen.

Aber warum denn?

Langweilig.

Die Ärztin seufzte verhalten. Möchten Sie nicht unter Menschen sein?

Doch. Gern. Möchte sie. Aber nicht unter denen hier im Heim. Nicht unter den Hobbygärtnerinnen und Bridgespielerinnen.

Herrgott, sie weiß, was ihr unter den gegebenen Umständen noch halbwegs Freude macht: lesen. Warum will ihr die Anstaltsärztin, will ihr Anna, wollen ihr die Pflegerinnen das Lesen vermiesen und sie zu Beschäftigungen überreden, die ihr keine Freude machen? Warum glauben sie, besser zu wissen, was besser für sie ist, als sie selbst? Warum können sie das Alter nicht ehren, statt es zu bevormunden?

Du wirst dir die Augen verderben, sagte die Großmutter zur kleinen Elisa, wenn sie sie beim Bücherlesen erwischte.

Leg das Buch weg und komm Geschirr abtrocknen!, sagte die Mutter.

Jetzt ist Elisa zehnmal so alt wie damals und schon wieder soll sie die Bücher weglegen, diesmal, um Hyazinthen zu betreuen oder langweilige Brettspiele zu spielen.

Ihr Zwölfjähriger habe in den Ferien ein ganzes Buch ausgelesen, berichtete Katharina kürzlich stolz. Bei den Kindern ist man heutzutage froh, wenn sie überhaupt etwas lesen, und sei es nur ein einziges Buch in acht langen Ferienwochen. Kann man Elisa auf ihre alten Tage nicht wenigstens ein paar heutige Kinderrechte zugestehen?

Tatsächlich geht es darum, dass sie geselliger sein soll. Anna möchte, dass Elisa gesellig lebt, damit sie selber darum herumkommt, Elisa Gesellschaft zu leisten. Anna ist ungern da, man merkt es ihr an, sie ist gereizt und barsch und unfreundlich – aber sie fühlt die Verpflichtung, zu kommen. Elisa würde lieber auf Annas Gesellschaft verzichten, wenn sie die Wahl hätte, es macht keine Freude, mit einer Person zusammenzusein, die einen in jeder Minute fühlen lässt, dass sie ein Opfer bringt, wenn sie da ist. Doch wie sehr sie auch versucht, Anna von der Verpflichtung, ihr Gesellschaft zu leisten, zu befreien, es gelingt ihr nicht. Anna taucht auf und ist ungnädig.

Du musst nicht kommen, ich weiß, dass du wenig Zeit hast, ich bin dir nicht böse, wenn du nicht kommst, sagte Elisa wiederholt. Anna verstand es als Zurückweisung. Du willst mich nicht sehen? Ich bin dein einziges Kind.

Es gibt keinen Ausweg. Anna opfert sich, indem sie Elisa besucht, und Elisa soll gefälligst dankbar dafür sein, egal, wie unerfreulich die Besuche verlaufen. Offenbar hat Elisa keinen Anspruch auf erfreuliche Besuche und auch nicht das Recht, unerfreuliche Besuche zu stornieren. Mutterliebe heißt, jedenfalls in Annas Augen, sich über die Liebe der Tochter zu freuen, egal, wie unerquicklich sich diese Liebe äußert.

Sie hätte gerne wieder eine Katze. Ihr halbes Leben hat sie mit Katzen verbracht. Katzen schnurren tröstend und liegen einem warm zur Seite, Katzen bewahren einen davor, Magengeschwüre zu kriegen. Jetzt hat sie keine Katze mehr, es ist ein Wunder, dass sie dennoch kein Magengeschwür hat, obwohl, wer weiß.

Der Therapiehund ist kein Ersatz. Der Therapiehund wird einmal in der Woche gebracht, von seiner Besitzerin, einer liebenswürdigen, wohltätigen Dame in mittleren Jahren, es ist sehr freundlich von ihr, dass sie kommt und dass sie sich der Mühe unterzogen hat, mit ihrem Hund einen Kurs zu absolvieren, der sie und ihn berechtigt, zu therapeutischen Zwecken in Heime und Kindergärten zu gehen. Wäre der Hund kein zertifizierter Therapiehund, dürfte er nämlich nicht zu den Alten und den Kleinen, man könnte dann nicht sicher sein, dass er nicht zuschnappt, wenn er überraschend gestreichelt oder gar am Ohr gezogen wird.

Der Therapiehund ist geduldig, er wedelt zur Begrüßung mit dem Schwanz und lässt sich anfassen, aber es ist völlig klar, dass er nur entgegenkommend ist, um seiner Besitzerin einen Gefallen zu tun, und nicht, weil ihn die Alten interessieren. Der Therapiehund leckt über Elisas Hand, so wie die Feindinnen sie auf die Wange küssen, er denkt, dass das von ihm erwartet wird, vermutlich würde er Elisa Oma nennen, wenn er könnte und sich einen Hundekeks dafür erwarten dürfte.

Anna sagt, der Therapiehund sei ein Prachtkerl. Sie liebt Hunde, hauptsächlich, weil Elisa immer Katzen hatte. Die Katzen waren auch Annas Katzen, aber inzwischen hatte Anna angeblich immer schon eine Vorliebe für Hunde. Wie Robert, sagt Anna.

Elisas Erinnerung nach waren Robert Haustiere weitgehend egal, er duldete die Katzen, und wahrscheinlich hätte er auch andere tierische Mitbewohner geduldet, sofern er nicht für sie sorgen und keine besondere Notiz von ihnen nehmen hätte müssen. Aber wenn man Anna so zuhört, war Robert eine Art Franz von Assisi.

Mein Vater hin, mein Vater her.

Mein Vater war ein großes Zeichentalent, erzählte Anna einmal der Heimleiterin, als sie dachte, Elisa höre nicht zu. Schade, dass er nichts daraus machen konnte. Aber er musste ja Geld verdienen. Schließlich hatte er für eine Familie zu sorgen.

Mein Vater. Zu Roberts Lebzeiten hat Anna immer *mein Stiefvater* gesagt, wenn sie von ihm sprach. Damit ließ sie anklingen, dass sie nicht genügend Zuneigung von ihm bekam. *Mein Stiefvater* sagte sie im Ton eines Aschenputtels, das ein Außenseiterdasein fristete neben einer egoistischen Mutter und deren lieblosem Ehemann.

Mittlerweile trägt Robert jedoch einen Heiligenschein, der aus seinem Grab leuchtet, und gelegentlich hat Elisa den Eindruck, Anna wäre es lieber, wenn sie in dem Grab läge und Robert am Leben wäre.

Bis heute weiß Anna nicht, dass all die liebevoll ausgesuchten Geschenke, die ihr Robert zu diversen Anlässen überreicht hat, von Elisa ausgesucht, besorgt und oft auch bezahlt wurden.

Robert war tatsächlich ein mäßig liebevoller Stiefvater, das nimmt ihm Elisa durchaus übel, immer noch, aber in Grenzen. Die Welt ist voll von mäßig liebevollen Stiefvätern, und wer weiß, wie viel Sympathie Elisa für die Kinder von Robert aufgebracht hätte, wäre Robert nicht kinderlos gewesen.

Er musste Geld verdienen. Er musste für eine Familie sorgen. Was soll denn das auf einmal? Robert und Elisa haben ihre Ausgaben geteilt, Elisa zahlte ihre Hälfte und Robert seine. Für Anna zahlte Elisa ganz allein. Das ist Anna doch nicht verborgen geblieben! Mit den Geschenken hat Elisa geschummelt, okay, aber sonst haben sie und Robert keinen Hehl aus ihren getrennten Kassen gemacht. Und trotzdem wird er in Annas Erzählung auf einmal zum treu sorgenden Familienvater, der sie alle ernährt und dafür seinen Traum von einer Künstlerlaufbahn geopfert hat.

Seit Robert tot ist, bastelt sich Anna erzählend einen Vater nach ihren Wünschen. Der tote Robert gibt ihr jede Möglichkeit zur nachträglichen Lebens- und Erinnerungskorrektur, aus dem bösen Stiefvater, der er nie war, wird jetzt ein kuscheliger Lieblingspapi, der er auch nicht war.

Was heißt das, er war ein Zeichentalent?, fragt Elisa.

Ja, dir ist das nicht aufgefallen, weil du dich nicht dafür interessiert hast, entgegnet Anna. Aber ich weiß, dass er eigentlich einmal Grafiker werden wollte.

Woher? Ich weiß es nämlich nicht.

Na und? Ich weiß es eben.

Hat er dir das erzählt? In welchem Zusammenhang? Wann?

Keine Ahnung. Irgendwann.

Aber er hat doch nie gezeichnet oder gemalt.

Er hat es eben aufgegeben.

Elisa erinnert sich an Kritzeleien Roberts beim Telefonieren. Er hat sich die Zeitung geangelt und akribisch jedes harte p und jedes weiche b mit Kugelschreiber ausgefüllt.

Elisa war einmal eine unabhängige junge Frau. Sie war nicht abhängig von anderen und niemand war abhängig von ihr. Kein nörgelnder Ehemann, kein Aufmerksamkeit forderndes Kind. (Und noch keine Katze. Obwohl ihr die Katzen nie auf die Nerven gingen. Katzen herrschen diskret und souverän. Man empfindet es als Privileg, für sie sorgen zu dürfen.)

Die unabhängige junge Elisa erstand – das war ihre erste größere Anschaffung – ein Auto. Sie verdiente gut als Fotoreporterin. Ihr habt es leicht gehabt damals!, sagt Anna, wenn die Rede auf den heutigen Arbeitsmarkt kommt, für euch sind die gut bezahlten Jobs auf der Straße gelegen.

Aber das stimmt so nicht. Elisa verdiente gut, weil sie eine gute Fotoreporterin war.

Mit ihrem ersten kleinen Auto, einem roten VW-Käfer, fuhr Elisa über Land, frei und selbstbestimmt, wie man mittlerweile sagt. Ein gutes Wort, selbstbestimmt. Elisa gehört zu der Generation, für die Autofahren ein Stück Freiheit bedeutet hat. Wenn einem danach war, fuhr man einfach drauflos, in die Richtung, in die man gerade wollte, und so weit, wie es einem gerade passte. Elisa fuhr singend (ihr erstes Auto, eine Sparausführung, hatte kein Radio), manchmal allein, manchmal mit Freundinnen, und jede Fahrt über Land war ein kleines, verheißungsvolles Abenteuer.

Auch später, im immer dichter werdenden Verkehr und in den vielen Staus, ist Elisa die Lust am Autofahren nie ganz vergangen. Robert und Anna tadelten sie oft, weil sie mit dem Auto in die Innenstadt fuhr, statt den Bus zu nehmen, und obwohl sie fand, dass sie den Tadel verdient hatte, und Besserung gelobte, stieg sie das nächste Mal doch wieder in den Wagen, den sie dann in der Stadt nirgends abstellen konnte, außer in teuren Tiefgaragen.

Das ist doch nicht bequemer!, sagte Robert streng, das Wort *bequemer* betonend, weil sie zuvor gesagt hatte, sie nehme das Auto aus Bequemlichkeit. Das ist doch nicht bequemer, wenn du stundenlang nach einem Parkplatz suchst und danach in eine Tiefgarage fährst.

Robert ließ sein Auto daheim stehen, wenn er es nicht unbedingt brauchte. Leider brauchte er es häufig unbedingt. Weil er dienstlich oft weite Strecken zurücklegen musste, fuhr er große, kompakte Autos mit starkem Motor. Immer wieder versuchte er, Elisa kleine, preisgünstige Wägelchen mit wenig PS einzureden. Elisa nannte sie Gattinnenautos, und nach ihrem Dafürhalten taugten sie bestenfalls dazu, am Wochenende den Lebensmitteleinkauf vom Supermarkt nach Hause zu karren (vorausgesetzt, man lud nicht mehr als vier Leute auf einmal zum Essen ein, die noch dazu schwache Trinker waren).

Jetzt rede doch keinen Unsinn!, sagte Robert zu solchen Behauptungen. Millionen von Hausfrauen bringen spielend Lebensmittel, Getränkekisten, Kinder und Hunde in ihren Autos unter, und du hast weder einen Hund noch gibst du große Abendessen.

So sah er die Welt und so fand er sie in Ordnung. In mächtigen Autos saßen einzelne Männer und fuhren wichtigen Geschäften entgegen, während Frauen, auch wenn sie ebenfalls wichtigen Geschäften nachgingen, bestenfalls über schwache *Zweitwagen* verfügten, in denen Kinder, Hunde und Lebensmittel mitreisten.

Wir brauchen doch nicht zwei große Autos!, sagte Robert, aber das statistische *Wir*, das suggerierte, dass jedes Fahrzeug ihres Fuhrparks jedem von ihnen im gleichen Ausmaß zur Verfügung stand, hatte nichts mit der Realität zu tun, in der sein großes Auto ausschließlich ihm vorbehalten war.

Nimm du dir doch einen Zweitwagen!, sagte Elisa dann, und Robert antwortete: Gern, wenn du mir den Erstwagen borgst, sobald ich ihn brauche.

Du überlässt mir deinen Erstwagen doch auch nie!, wandte Elisa ein, und Robert konterte: Du brauchst ihn ja auch nie so dringend wie ich.

Kindische, fruchtlose, überflüssige Debatten. Elisa fuhr weiterhin Autos, die es mit denen von Robert aufnehmen konnten, sie bezahlte sie von ihrem Geld, und Robert wie Anna fanden, dass sie ihr Geld zum Fenster hinauswarf.

Wenn Elisa das heute jemandem erzählt, dann weiß der Jemand sofort, dass sie an die hundert Jahre alt sein muss. Na ja, ein bisschen jünger. Aber fast. Denn heutzutage macht man sich nicht mehr so viel aus Autos, jedenfalls in den umweltbewussten Kreisen, denen Elisa sich grosso modo zurechnet.

Das Autofahren aufzugeben fiel ihr schwer. Als sie es aufgab, aus Verantwortungsbewusstsein und Vernunft, wusste sie nicht, dass ihr trotzdem noch ein großer Aktionsradius blieb, gemessen an dem, was ihr heute zur Verfügung steht.

Es stimmt nicht, dass Elisa der Natur nichts abgewinnen kann. Elisa mochte die Natur als dramatische Inszenierung und als malerischen Anblick. Sie liebte Gewitter und rannte lachend durch den niederprasselnden Regen, grollender Donner und den Himmel hinabrasende Blitze entzückten sie (entgegen Roberts Warnungen), und erst, als einmal ein Blitz in ihrer unmittelbaren Nähe so heftig in ein Haus einschlug, dass die Druckwelle des Donnerkrachens sie fast umgeworfen hätte – jedenfalls schien es ihr so –, wurde sie vorsichtiger.

Sie schaute atemlos vor Begeisterung auf glitzernde Buchten und goldene Ährenfelder unter Wolkendraperien, auf Platanenalleen und endlose lila Reihen von blühendem Lavendel, als sie noch an Buchten und Platanenalleen und Lavendelfelder herankam. Sie hätte viel mehr unterwegs sein sollen. Stattdessen versorgte sie Anna und Robert, der in seiner Freizeit gemütlich daheimbleiben wollte, unter dem Sonnenschirm auf der Terrasse, wo sie ihm Bier und Koteletts servierte.

Wie viel Zeit draufgegangen ist mit dem Kochen von Essen für andere, mit dem Waschen von Wäsche, die nicht ihre war, mit dem Wegräumen von Sachen, die nicht sie zuvor achtlos verstreut hatte, sie könnte weinen, wenn sie daran denkt. So viel Zeit, die ihr gestohlen wurde und die ihr keiner zurückgibt. Nein, nicht gestohlen, sie hat sie ja aus freien Stücken hergeschenkt. Nein, nicht aus freien Stücken. Zeit, die ihr abgerungen wurde.

Zeit, die sie in den Anblick von Lavendelfeldern hätte investieren sollen und die stattdessen in Hausarbeit geronnen ist wie in einen Abwasserkanal.

Sie vermisst Robert über weite Strecken nicht, manchmal aber doch. Gelegentlich würde sie gerne mit ihm reden. Obwohl Robert die letzten Jahre kein guter Gesprächspartner war – war er je einer gewesen? Seine Neigung zur Besserwisserei hatte jedenfalls zugenommen, rechthaberisch war er immer schon gewesen, am Ende war er ein Rechthaber, der darauf beharrte, auch Dinge besser zu wissen, von denen er keine Ahnung hatte. Trotzdem. Robert wäre ihr lieber zum Reden als die Feindinnen oder die anderen Alten, die sich dazu verdonnern lassen, in der Erde zu buddeln und Domino zu spielen, und schon überhaupt lieber als diejenigen unter ihren Mitgefangenen, die in einem der Gemeinschaftsräume verständnislos lächelnd auf die Glotze starren.

Sag doch nicht immer Mitgefangene!, rügt Anna, wenn Elisa das M-Wort verwendet, weswegen sie nur noch M-Wort sagt, wenn sie die Mitgefangenen meint, die sie auch als Anstaltsinsassinnen bezeichnet oder als Knastschwestern (-brüder gibt es hier nur vereinzelt). Anna findet solche Scherze gar nicht lustig, sie hört einen Vorwurf heraus, Elisa, glaubt sie, will damit zum Ausdruck bringen, dass sie sich als abgeschoben betrachtet. Dabei ist Elisa die Vorstellung, von Anna betreut zu werden, ein Horror, nie würde sie ihrem Kind zur Last fallen wollen. Nicht einmal, wenn Anna weniger ungnädig wäre, würde sie mit dem Gedanken spielen, wie schön es wäre, sie ständig um sich zu haben. Anna soll ihr eigenes Leben leben, und da Elisa nicht mehr in der Lage ist, ihr Leben ohne fremde Hilfe zu meistern, bleibt ihr keine andere Option als der Aufenthalt in dieser von ihr so genannten Anstalt. Basta. Aber wenigstens Mitgefangene darf sie sagen. Denn gefangen ist sie. Sind sie alle. Sonst wären sie nicht hier. Sie sind gefangen in Körpern, die sie täglich demütigen, ihnen den Dienst verweigern, keine Autonomie zulassen. Man darf doch wohl die Dinge beim Namen nennen!, sagt Elisa trotzig. Anna presst die Lippen aufeinander. Es gibt Wahrheiten, die will man nicht hören. Sie sieht mich und hat Angst vor ihrem eigenen Alter, denkt Elisa.

Elisas Körper, jetzt so unkooperativ und unansehnlich, war einmal schön und begehrenswert. Nicht nur Robert hat ihn begehrt. Aber Robert muss man zugutehalten, dass er ihn auch dann noch begehrte, als für viele von Elisas gleichaltrigen Freundinnen schon Schluss war mit dem Begehrtwerden. Elisa selber war sich damals nicht mehr sicher, ob sie sich an Roberts Stelle auch noch begehrenswert finden würde, und manchmal überlegte sie, ob es ihre Freundinnen nicht bequemer hatten mit ihren aus dem Verkehr gezogenen Körpern.

Aber ihr junger Körper bereitete Elisa viel Freude, in jeder Hinsicht. Im Nachhinein betrachtet waren die Beschwerden, mit denen er sie zeitweilig quälte, ein Klacks gegen die Beweglichkeit, die er ihr schenkte, gegen die Lust beim Sex, gegen das Vergnügen an allem, was ihn streichelte und umschmeichelte, sei es laue Luft, Sonne oder seidiges Wasser. Ja, damals wurde Elisa noch gerne gestreichelt, aber das Streicheln des Windes an einem warmen Sommerabend war auch etwas anderes als das grobe Getätschel der Feindinnen.

Früher schmückte Elisa ihren Körper, sie hüllte ihn in feine Stoffe und stellte sich vor den Spiegel damit, um ihn zu bewundern, und immer, wenn sie ihn mit etwas Neuem dekorierte, fühlte sie sich siegessicher und glücklich. Heute macht ihr das Anziehen wenig Freude. Sie achtet darauf, ordentlich und halbwegs gepflegt auszusehen, auch Lipgloss verwendet sie nach wie vor, und manchmal, wenn ihre Finger probeweise über ein neues Schultertuch gleiten, das Anna auf ihre Anweisung besorgt hat, kommt eine Ahnung ihrer früheren Eitelkeit über sie, aber dann sieht sie sich, auch ohne Spiegel, wie sie gekrümmt und schief im Rollstuhl hängt, und der Funken Freude erlischt sofort. Als sie jünger war, verkündete sie oft, dass sie so altern wolle wie die italienischen Signore und Signori, denn nirgendwo sonst sehe man so viele schöne alte Menschen, die perfekt gekleidet und mit stilvoller Würde dem Verfall trotzten, wie in Italien. Manchmal erinnert sie sich noch an diesen Vorsatz, aber leider, die Realität schaut anders aus. Sie glaubt nicht, dass sie die *bella presenza* noch aufbringt, über die man verfügen sollte beim Aperitif auf einer Piazza.

Die Fußpflegerin hat Elisas Fußnägel flachgefräst, geschnitten und lackiert. Elisa hat beschlossen, sich den Luxus lackierter Zehennägel zu gönnen, obwohl sie nach dem Lackieren in Stützstrümpfen und geschlossenen Schuhen verschwinden. Aber das Wissen, dass sie sie jederzeit herzeigen könnte – womöglich in goldenen Sandaletten mit hohen Absätzen – gibt ihr ein kleines, verwegenes Gefühl der Genugtuung. Als könne sie damit das Schicksal verblüffen, das bestimmt nicht damit gerechnet hat, dass sie über herzeigbare Zehen verfügt. Sie schmunzelt. Ihre Laune ist merklich besser, was nicht nur mit den lackierten Zehennägeln zu tun hat, sondern auch mit der kleinen Aufmunterungspille, die sie neuerdings kriegt. Na gut, sie könnte in goldenen Sandaletten und auf High Heels keinen Schritt gehen, aber das müsste ja auch nicht sein. Der Anblick zählt.

Anfangs hat sie sich gegen die kleinen Stimmungsaufheller gewehrt. Wäre nicht eigentlich Champagner die Medizin der Wahl?, fragte sie die Anstaltsärztin, die unwirsch zur Antwort gab, Alkohol sei in Anbetracht der ihr verschriebenen Medikamente kontraindiziert. Humorlose Schnepfe. Aber was soll man sich von einer Hobbygärtnerin auch groß erwarten!

Die slowakische Feindin taucht auf. Hast du Besuch, Oma, sagt sie und bleckt ihr Gebiss, das Elisa für zum größeren Teil künstlich (und schlecht gemacht) hält. Sie packt Elisas Rollstuhl und schiebt ihn auf den Gang, zum Lift. Unten sieht sich Elisa nicht nur zahlreichen Mitgefangenen gegenüber, sondern auch einer Schar von kleinen Kindern. Sie drängen sich wie eine Lämmchenschar um zwei erwachsene Frauen, die ihr unbekannt sind. Stimmengewirr füllt die Luft, eine Art festliche Aufregung ist spürbar, weitere Personen, die Elisa hier noch nie gesehen hat, eilen umher.

Was ist denn los?, fragt Elisa, bekommt jedoch keine Antwort. Die Alten werden nach und nach in die eine Hälfte des Raumes gebracht, wo heute Stuhlreihen stehen wie in einem Theater, die Rollstühle finden daneben Platz.

Den Alten gegenüber nehmen die Kinder Aufstellung. Ein Mann tritt in die leere Schneise zwischen Altenherde und Kinderherde und stellt sich als Bezirkspolitiker vor. Auch ein Kamerateam ist plötzlich da und beginnt zu filmen. Der Politiker redet von einer Begegnung zwischen den Generationen. Er bedauert das Verschwinden der Großfamilie und behauptet, dass die kleinen Kinder heutzutage nicht mehr wüssten, wie Uromas und Uropas ausschauten. Umgekehrt müssten die älteren Menschen (er sagt ältere Menschen, obwohl er doch gerade von Urgroßeltern gesprochen hat) ebenfalls auf Kontakte verzichten, die früher ganz selbstverständlich gewesen seien, wie eben das unbeschwerte Zusammensein mit unseren Jüngsten. Dem beidseitigen Mangel solle nun abgeholfen werden. Man werde in diesem Heim zusätzlich einen Kindergarten einrichten.

Danach beginnt die Kinderschar zu singen. Elisa ist überzeugt, der Kameramann zoomt jetzt auf alte Gesichter, um ein seliges Lächeln hier, eine Rührungsträne dort einzufangen. Sie blickt starr vor sich hin.

Beim zweiten Lied soll zum Refrain geklatscht werden. Die Kinder machen es vor, die Alten sollen es nachmachen. Erst tun nur ein paar mit, dann immer mehr, gehorsam schlagen die alten Leute erhobene Handflächen zusammen, kraftlos und selten im Takt. Elisa lässt ihre Hände im Schoß liegen. Sie verkriecht sich in sich selber. Wenn sie könnte, würde sie das demütigende Spektakel verlassen, aber es gibt kein Entrinnen.

Als die Reporterin mit dem Kameramann direkt auf sie zusteuert, ist sie einen Moment lang versucht, sich aus dem Rollstuhl fallen zu lassen. Aber dazu müsste sie ihren Körper besser unter Kontrolle haben.

Die Reporterin hält ihr ein Mikrofon unter die Nase. Wie hat Ihnen der Kinderchor gefallen?, fragt sie. Sie klingt forsch und leutselig. Beherzt nähert sie sich Elisa wie einer Spezies, von der man nicht weiß, ob sie die menschliche Sprache versteht.

Gut, krächzt Elisa.

Leider ist sie damit noch nicht aus dem Schneider.

Sollen die Kinder ab jetzt öfter kommen?, will die Reporterin wissen.

Unbedingt, erwidert Elisa, die ihre Stimme wiedergefunden hat, grimmig.

Und warum?

Damit ich sie besser fressen kann, antwortet Elisa.

Die Reporterin schaut entgeistert.

Elisa lächelt sie zuckersüß an. Kleiner Scherz. Rotkäppchen. Sie kennen doch das Märchen.

Die Reporterin scheint erleichtert. Ach so, sagt sie, heißt das, Sie wollen den Kindern Märchen erzählen?

Nein, sagt Elisa, ich sehne mich nach intellektuellem Austausch auf meinem Niveau. Da kommen mir Dreijährige gerade recht.

Der Kameramann lacht.

Die Reporterin schaut unschlüssig, dann lässt sie das Mikro sinken. Danke, sagt sie ratlos und wendet sich ab, um nach anderen Interviewpartnerinnen Ausschau zu halten.

Ich verstehe dich nicht, sagt Anna streng. Musst du immer alle verärgern? Was ist los mit dir? Was geht in dir vor? Elisas schlechtes Benehmen hat sich herumgesprochen. Die Reporterin hat gepetzt. Nun ist man sehr befremdet, weil Elisa die vereinigten Anstrengungen von Anstaltsleitung und Bezirkspolitik um eine bessere Integration der Betagten ins pralle Leben nicht zu würdigen weiß.

Anna sitzt da als Rächerin der Instanzen, die Anstaltsleitung hat sie zu Hilfe gerufen, so wie seinerzeit die Schulleitung Elisa rufen ließ, wenn Anna wieder einmal unbotmäßig gewesen war. Anna war oft unbotmäßig, in der Schule und Elisa gegenüber, allerdings hatte sie dafür gute Gründe, wie sie bis heute betont. Elisa hingegen hat keinen guten Grund für ihr schlechtes Benehmen, zumindest keinen, den Anna gelten läßt.

Elisa lässt Annas Tadel an sich vorüberrauschen. Sie hätte, überlegt sie gerade, nichts dagegen, als Wasserpflanze wiedergeboren zu werden. Heute morgen hat sie eine Radiosendung über Feuchtbiotope gehört, und mit einem Mal erschien ihr eine Existenz als Wasserpflanze sehr wünschenswert. Wer sagt, dass das ein Rückschritt wäre? Vielleicht ist es sogar das ultimative Ziel: einfach nur sein zu dürfen. Zum Beispiel ein nussfrüchtiger Wasserstern inmitten anderer nussfrüchtiger Wassersterne. (Dass es nussfrüchtige Wassersterne gibt, weiß Elisa aus der Radiosendung. Sie hat keine Ahnung, wie die dazugehörige Pflanze aussieht, aber der Name gefällt ihr.)

Einfach nur sein. Keine Anforderungen. Keine moralischen Konflikte. Keine Schuld. Keine Auseinandersetzungen. Na ja, vielleicht würde einem als Wasserstern die Verdrängung durch andere Wassersterne drohen, oder überhaupt durch andere Pflanzen. Aber dann würde man eben verdrängt und danach neuerlich als Pflanze aus der Erde wachsen. Als Mensch wiedergeboren zu werden oder als Tier, das hätte man nach dieser Logik nicht zu befürchten. Wer einmal das schuldlose Pflanzenstadium erreicht hätte, wäre vor Rückstufung gefeit und im Leo.

Schon immer warst du, sagt Anna gerade, noch nie hast du, sagt sie, kannst du nicht einmal, fragt sie, niemand sonst, klagt sie. Annas ewige Litanei. *Gegrüßet seist du voll der Ungnade, gib mir meine tägliche Verurteilung, ich bin die Schuldigste unter den Müttern, Amen.*

Wann hat Anna eigentlich angefangen, Elisa für jedes misslungene Vorhaben verantwortlich zu machen? Schon als Volksschülerin hat sie fehlerhafte Diktate nicht auf eigenes Versagen zurückgeführt, sondern auf Elisa, die weniger mit ihr geübt habe als andere Mütter mit ihren Kindern. Überall hat Anna Mütter entdeckt, die bessere Mütter waren als Elisa. Elisa erinnert sich an öde Aufträge, die sie nur annahm, damit Anna ein neues Fahrrad kriegen, in die Ballettschule gehen und teure Markenklamotten tragen konnte. In Annas Gedächtnis ist dagegen eingebrannt, wie Elisa sie vor ihren Freunden bloßstellte, als sie sie zu früher Abendstunde unerbittlich aus der Disco zerrte.

Zu später Nachtstunde, korrigiert Elisas Gedächtnis. Und am nächsten Tag war Matheschularbeit. Aber Elisas Gedächtnis hat keine Chance gegen Annas Gedächtnis, das weder die späte Uhrzeit noch irgendeine Schularbeit gespeichert hat.

Eines Tages wird Elisa tot sein und alles, was von ihr bleibt, wenn die Rede auf sie kommt, wird sein, dass sie Anna aus der Disco gezerrt hat.

Elisa ist nicht die Mutter, die Anna sich gewünscht hat. Ist Anna die Tochter, die sich Elisa wünscht? Manchmal überlegt Elisa, wie es wäre, wenn sie ein zweites Kind bekommen hätte. Wäre sie mit diesem Kind ein Herz und eine Seele? Oder würden dann zwei Annas auf sie einschimpfen? Was, wenn sich das zweite Kind überhaupt zu einer gescheiterten Existenz entwickelt hätte? Anna ist ein rechtschaffener Mensch. Elisa sollte froh und zufrieden sein.

Elisa sehnt sich jedoch nach der Maßlosigkeit ihrer Jugendtage. Alles vom Leben einfordern und erwarten dürfen! Statt sich ständig zu sagen: Es hätte schlimmer kommen können.

So ist es aber: Es könnte immer schlechter sein. Man muss sich dankbar zeigen – einem Gott, dem Schicksal, boshaften Mächten gegenüber, die man nicht verstimmen sollte –, damit es nicht noch ärger kommt. Die Jugend hat ein Recht auf hochgespannte Erwartungen. Für die Jungen ist noch alles drin, sie müssen sich nicht zufriedengeben, sie können Ansprüche stellen. Sie müssen sogar Ansprüche stellen, an sich und an das Leben, denn wenn sie es nicht tun, sind sie früh gescheitert.

Elisa hat nichts mehr zu erwarten.

Die kleinen Freuden genießen. Sie ist nicht störrisch, sie wäre imstande, kleine Freuden zu genießen, wenn ihr welche geboten würden, ein Glas Champagner, Sonne auf dem Gesicht (unten, im Garten, noch lieber auf der Straße, jedenfalls im Freien, in das sie aber nicht kommt, weil sich niemand die Mühe macht, sie hinunterzubringen und die Gehsteige entlang zu schieben), elegante Kleider in Schaufenstern, ein wunderbar gespieltes Cellokonzert, pointierte Dialoge in einem Theaterstück.

Statt dessen Genörgel, Geschimpfe, ständiges Gezerre, wie ein unartiges Kind soll sie erzogen und umerzogen werden, damit sie endlich die Alte ist, die die anderen in ihr sehen wollen.

Von wegen Cellokonzert: Anna hat ihr einen neuen CD-Player besorgt, Elisa kennt sich damit nicht aus, schon deswegen nicht, weil sie die schwarzen Pfeile auf den schwarzen Bedienungstasten nicht sieht. Angeblich sind CDs und CD-Player sowieso eine demnächst überholte Technik, aber wer erklärt ihr, was eine zeitgemäße Technik wäre und wie sie dazu kommt?

Als sie ins Heim übersiedeln musste, nahm sie ihren Laptop mit. Sie war nicht mehr jung, als sie den Umgang mit Computern lernte, aber sie hat es geschafft und konnte ihren Laptop viele Jahre sinnvoll für sich nützen, stümperhaft, gemessen an den elektronischen Fertigkeiten der Digital Natives, doch mit ausreichenden Kenntnissen für ihre Bedürfnisse.

Im Heim gab es keinen Internetzugang und niemanden, der ihr bei Problemen an die Hand gegangen wäre. Anna hat den Laptop bald entsorgt. Aus die Maus. Vielleicht hat Anna ja recht und ein neuer Computer würde sie ohnehin überfordern.

Warum fotografiert Elisa nicht mehr? Fotografieren ist doch heutzutage so einfach, du könntest Bilder mit deinem Handy machen, sagt Anna.

Aber genau das ist der Grund. Elisa möchte sich nicht zur Hobbyknipserin degradieren. Sie war Berufsfotografin. Ihre Fotoreportagen waren ernst zu nehmende Arbeit, die sie und Anna ernährte. Ihre Bilder lieferten wichtige Informationen. Sie eröffneten, im besten Fall (der zugegebenermaßen nicht die Regel war), anderen Menschen einen neuen Blick auf die Welt – oder halt auf den Ausschnitt, den Elisa abgebildet hatte.

Elisa besaß teure analoge Kameras, die nicht jeder Idiot bedienen konnte. Sie entwickelte ihre Bilder selbst, in ihrem eigenen Labor oder in den Labors der Zeitschriften, für die sie im Lauf der Jahre arbeitete. Sie erschuf ihre Bilder. Ihre Bilder waren Werke. Inszenierungen, keine Zufallsprodukte. Deswegen arbeitete sie auch nicht für Tageszeitungen, sondern für hochkarätige Magazine, denen Fotos und Texte als gleichrangig galten. Digitales Knipsen mag für andere Menschen angehen, für Elisa kommt es nicht infrage.

Sie schließt die Augen. Soll Anna doch glauben, dass sie eingeschlafen ist. Diesen Trick wendet sie in letzter Zeit öfters an. Sie muss nur aufpassen, dass Anna nicht irgendein alarmierendes Schwächezeichen darin sieht und die Ärztin deswegen auf den Plan ruft. Denn obwohl Elisa ihrer Tochter so sehr auf die Nerven geht, ist Anna darauf bedacht, Elisa am Leben zu erhalten. Sie will sich nichts vorzuwerfen haben, denkt Elisa.

Du klagst auf hohem Niveau, sagt Gerti, die zu Besuch gekommen ist. Gerti möchte, dass Elisa an all die Ärmeren denkt, die nicht in einem Einzelzimmer, sondern zu dritt oder gar zu sechst ihrem Ende entgegendämmern müssen und von wirklich ungnädigem Personal versorgt werden. Diese Greisinnen wohnen nicht in einer Pflegeresidenz im Grünen, niemand lackiert ihre Fußnägel und keine Kinder kommen sie besuchen.

Was hab ich vom Grünen?, fragt Elisa. Ich bin doch sowieso nie draußen. Für mich ist es egal, ob um die Ecke ein Highway liegt oder der Lungomare von Abbazia.

Gerti sagt nichts und schüttelt missbilligend den Kopf.

Na, ist doch wahr, beharrt Elisa. Und wenn du ehrlich bist, musst du zugeben, dass die Gasse da unten nicht an den Lungomare von Abbazia heranreicht. Von wegen herrliche Umgebung. Aber wie gesagt: eh nebensächlich.

Sie sagt es, um Gerti zu ärgern. Dass sie vergleichsweise privilegiert ist, weiß sie. Aber unverglichen sind ihre Privilegien dürftig. Und darin, dass sie ihre armselige Lage als privilegiert sehen muss im Vergleich mit anderen, liegt ja gerade das Trostlose.

Gerti klagt im Gegensatz zu Elisa nicht, obwohl ihr das rechte Knie wehtut. Ja, auch Gerti hat Beschwerden. Und vor ihren Augen tanzen schon wieder die mückenähnlichen Pünktchen, die von der Glaskörperabhebung kommen und gegen die man nichts tun kann außer hoffen, dass sie nicht zu einem Regen schwarzer Punkte werden, weil das dann eine Netzhautablösung signalisieren würde.

Sie lasse sich aber nicht unterkriegen, sagt Gerti, und dass ihr Hausarzt sie immer für ihre Tapferkeit lobe.

Gerti kann leicht tapfer sein. Ihre Wirbelsäule trägt sie, sie kann nicht nur ganz allein das Klo aufsuchen, sie macht auch immer noch lange Spaziergänge. Ihr Blutdruck ist tadellos, keine Schwindelanfälle werfen sie aufs Bett. Gerti lebt nach wie vor in ihrer eigenen Wohnung, sie nimmt die Hilfe sozialer Dienste in Anspruch, aber im Wesentlichen ist sie autonom. Sie könnte sich als vom Schicksal begünstigt sehen, doch sie lehnt es ab, ihre vergleichsweise gute Verfassung einem glücklichen Zufall zuzuschreiben, und besteht stattdessen darauf, dass sie das Ergebnis vorbildlicher Selbstdisziplin und eines gesunden Lebensstils ist.

Jetzt mach aber einen Punkt, sagt Elisa. Ich habe auch nicht geraucht und gesoffen, ich habe auch gesund gelebt.

Was so nicht ganz stimmt. Sowohl sie als auch Gerti haben in ihrer Jugend, wie übrigens die meisten Menschen damals, auf Teufel komm raus gepafft, und beide waren sie gutem Wein nicht abgeneigt. Ganz jung haben sie bei Festen auch schlechten Wein in sich hineingeschüttet. Aber offenbar muss jetzt nur Elisa dafür büßen, während Gerti fit durch die Gegend wieselt und so tut, als hätte sie nie etwas anderes zu sich genommen als Vitamine im Übermaß.

Ja, ja, das Leben ist ungerecht, erwidert Gerti, aber in einem Ton, der zeigt, dass sie nicht zustimmt, sondern lediglich beschwichtigen will.

Elisa übersiedelte erst ins Heim, als sie beim besten Bemühen nicht mehr allein über die Runden kam. Davor lagen ein paar Jahre mit Schwester Änschi. Schwester Änschi hieß Angela, aber alle meine Freunde nennen mich Änschi, schon seit meiner Schulzeit, sagte sie, als sie sich Elisa vorstellte. Sie war mobile Krankenpflegerin und vom regionalen Hilfswerk geschickt worden. Schwester Änschi war resolut, tüchtig und diktatorisch. Das Sofa rückte sie vom Fenster weg, weil durchs Fenster kalte Luft komme, die Elisa nicht gut tue. Elisas Einwand, dass sie am Fenster besser sehe, wischte sie als unmaßgeblich weg.

Hätte Elisa sich mit feinen Stickarbeiten gemüht (wie Schwester Änschi in ihrer Freizeit), hätte sie ihn vielleicht gelten lassen, aber Elisa stickte nicht, sondern las Zeitung.

Ist doch eh besser, Sie lesen sowas gar nicht, sagte Schwester Änschi, all diese Katastrophen und der Ärger mit der Politik, das regt einen unnötig auf. Die Zeitungen berichten ja immer nur das Negative, statt dass sie die Menschen aufmuntern. Auch Elisas Küche wurde Schwester Änschis Ordnungsprinzipien unterworfen. Plötzlich war die Pfeffermühle hinter die Kräutertees verräumt, und die hässliche Plastikflasche mit dem Geschirrspülmittel, die Elisa immer in einem Schrank unter der Abwasch versteckt hatte, thronte auf dem Fensterbrett, weil Schwester Änschi das praktischer fand. Pfeffer ist ungesund, sagte Schwester Änschi, als Elisa die Pfeffermühle nach vorn stellen wollte.

Kräutertees sind ungesund, erwiderte Elisa, die keinen anderen Tee trinkt als schwarzen und trotzdem immer wieder Kräutermischungen geschenkt bekam, die sie schon ihrer Namen wegen verabscheute. Innere Ruhe, Alles-Liebe-Tee, Druidentrank. Von sowas kriegt man Hautausschläge, behauptete Elisa, was Schwester Änschi missbilligend den Kopf schütteln ließ. Sie hatte es nicht gern, wenn Elisa frevelhafte Äußerungen über Dinge oder Menschen von sich gab, die ihr heilig waren, wie Gute-Laune-Tee, der Papst oder der Moderator der Volksmusiksendung im Fernsehen.

Elisa wusste, dass sie ohne Schwester Änschi nicht zurechtgekommen wäre, und versuchte deshalb, sich gut mit ihr zu stellen. Aus ihrer Sicht ging sie bis an die Grenzen der Selbstverleugnung, um sie nicht zu vergrämen. Aus der Sicht von Schwester Änschi war sie widerborstig und unbelehrbar. Doch Schwester Änschi, die von sich behauptete, mit jeder noch so schwierigen Person fertig zu werden, ertrug Elisas Launen mit Humor, wie sie selber sagte. Elisa hielt Schwester Änschi zwar für hundertprozentig humorfrei, hütete sich aber, ihr zu widersprechen.

In der Krankenpflege war Schwester Änschi kompetent und umsichtig, sie wusch, cremte ein, verband, sortierte Pillen in die Dosierbox, maß den Blutdruck und verabreichte, wenn nötig, Injektionen. Nichts von all dem hätte Elisa jemals tun mögen. Es war undankbar von ihr, dass sie Schwester Änschi in Machtkämpfe um Pfeffermühlen und Kräutertees verwickelte. Schwester Änschi war nicht schuld an Elisas misslicher Lage. Elisa war bewusst, dass sie ungerecht war, aber trotzdem empfand sie Schwester Änschis Musik- und Kräuterteegeschmack als persönliche Zumutung.

Obwohl es ihr Elisa so schwer gemacht hat, kommt Schwester Änschi sie immer wieder im Heim besuchen, das muss man ihr hoch anrechnen, noch dazu, wo sie nach wie vor berufstätig ist und andere launenhafte alte Weiber tagaus, tagein mit Humor erträgt. Und Elisa ist inzwischen gerührt, wenn sie zur Tür hereindonnert, schnaufend, wohlmeinend, laut. Dass sie alle Gegenstände auf Elisas Nachttisch neu arrangiert – so ist es doch viel praktischer! –, gehört dazu, Elisa würde etwas abgehen, wenn Schwester Änschi sich zurückhielte.

Schwester Änschi hat Blumen mitgebracht, sie stapft auf den Gang hinaus und kommt mit einer Plastikvase zurück, die ihr eine der Helferinnen gegeben hat. Ich habe eigene Vasen, sagt Elisa, in der Kommode dort, ganz unten, würde es Ihnen etwas ausmachen ...?

Wozu denn, antwortet Schwester Änschi, so geht es doch auch, Hauptsache, die Blumen haben Wasser.

Elisa überlegt, ob sie sagen soll, die schönen Blumen hätten eine schönere Vase verdient, lässt es aber bleiben. Vielleicht mag Schwester Änschi einfach nicht in die Hocke gehen, um nach einer von Elisas Vasen zu angeln, wer wollte ihr das verübeln nach ihrem anstrengenden Dienst?

Schwester Änschi stellt den Blumenstrauß in der grauen Plastikamphore mit dem pustelartigen Besatz aufs Fensterbrett. Elisa lächelt sie dankbar an. Dankbar und verzweifelt. Fügsamkeit war nie ihre Stärke. Die Vase ist scheußlich.

Als Schwester Änschi gegangen ist, denkt sie in einem Anfall von reuiger Selbstkritik: Ein Wunder, dass mich überhaupt noch jemand besucht, so unleidlich, wie ich bin.

Aber das stimmt nicht ganz. Nach wie vor verfügt sie, das weiß sie auch, über Restbestände eines bestrickenden Charmes, hinter dem sie ihre wütende Unzufriedenheit verbergen kann, wenn sie nur will. Sie kann unterhaltsam sein, witzig, eine einfühlsame Zuhörerin. Das verfängt bisweilen sogar bei der chronisch empörten Anna. An guten Tagen lachen sie miteinander. Bestimmt hat Schwester Änschi den Eindruck mitgenommen, dass sie und Elisa eine vergnügte Stunde zusammen verbracht haben und dass es ihr gelungen ist, Elisa für die Unterschiede zwischen Kreuz-, Knötchen- und Wickelstich zu interessieren.

Nach Roberts Tod blieb Elisa allein. Das bedurfte keiner besonderen Überwindung, denn das Angebot an verfügbaren Männern war nicht gerade berauschend. Diejenigen, die imstande gewesen wären, Elisa in Versuchung zu führen – gut aussehende Alphatiere mit hohem Sozialprestige und anspruchsvollen Interessen –, hatten ein Beuteschema, in das Elisa längst nicht mehr passte. Und abgehalfterte alte Zausel waren, fand sie, unter ihrem Niveau. (Wegen ihrer eigenen Ansprüche bringt Elisa durchaus Verständnis für die Paarungsprioritäten der Alpharüden auf. Warum sollten sie Rentnerinnen in Betracht ziehen, wenn sie gute Aussichten haben, fitte Mittvierzigerinnen für eine neue Beziehung im Herbst des Lebens zu erjagen?)

Sie erinnert sich an Urlaubsreisen mit Gerti, Martha (mittlerweile ebenfalls in einem Pflegeheim) und Evelyn (tot und begraben in Regensburg, wo ihr Sohn lebt). Wie lustig sie es hatten! Viel lustiger als die alten Paare, die auf den Hotelterrassen nebeneinander vor sich hin schwiegen, und lustiger auch als die alten Paare, die als Paar noch jung waren, weshalb die jeweiligen Frauen den vier empörend gut gelaunten Weibern am Nachbartisch giftige Blicke zuwarfen, zur Warnung, damit sie nicht auf die Idee kämen, sich an ihrem Goldstück zu vergreifen. Giftige Blicke und solche, aus denen der Stolz darüber sprach, dass sie einen Mann vorzeigen konnten, während die vier nebenan nur einander hatten. Sie wussten nicht, dass Elisa, Gerti, Martha und Evelyn nachher rätselten, wie verzweifelt einsam Frauen sein mussten, wenn sie derart jämmerliche Kerle wie das eifersüchtig bewachte Goldstück in Kauf nahmen.

Für Elisa war physische Attraktivität immer eine Notwendigkeit bei der Partnerwahl gewesen. Sie mochte keine Lackaffen, klar, und auch keine ausgesprochenen Schönlinge, aber muskulöse Männer mit interessanten, markanten Gesichtern sollten es sein. Was nicht infrage kam, waren schlaffe, dicke Gestalten mit aufgeschwemmten Visagen. Zum Beispiel. Oder diese Typen, die sich spärliches Resthaar über die Glatze kämmten. Oder Männer mit Zahnruinen im Mund.

Im Heim machte ihr – als sie noch besser beisammen war und selbständig gehen konnte, wenngleich mit Rollator – ein pensionierter Richter den Hof. Sie war gern in seiner Gesellschaft, denn er war gebildet und unterhaltsam, aber als Mann fand sie ihn gänzlich reizlos. Leider genügte ihm eine platonische Freundschaft nicht, er wollte zumindest tätscheln und getätschelt werden, was Elisa bei aller Sympathie nicht möglich war. Schließlich wandte er sich einer anderen zu, die beiden wurden ein spätes Liebespaar, und Elisa betrachtete sie ohne Neid, wenn sie turtelnd beieinander saßen. Mittlerweile ist der Richter verstorben, und ob sich seine Freundin (Geliebte?) an ihn erinnert, ist ungewiss.

Robert war ein gut aussehender Mann, wie Annas Vater. Wenn Anna ihren Eltern schon sonst nichts verdankt, dann wenigstens ihre Schönheit. Aber Anna findet sich nicht schön und falls einmal doch, macht sie eine ihrer Großmütter dafür verantwortlich. Ich schaue aus wie die Irmgard-Omi, findest du nicht?, fragt sie dann, und Elisa hütet sich zu sagen, dass sie das nicht findet, weil Anna auf Zustimmung aus ist und nicht auf einen sachlichen Kommentar. Ihren Großmüttern ähnlich zu sehen, scheint Anna offenbar interessant und romantisch. (Tatsächlich hatte die Irmgard-Omi, ihre Großmutter väterlicherseits, eine Knollennase, Anna sollte froh sein, dass sie ihr nicht gleicht.)

Annas ehemals gut aussehender Vater ist noch am Leben, wenngleich nur mehr rudimentär ansehnlich. Vielleicht wird seine Tochter ihn ebenfalls idealisieren, sobald er einmal das Zeitliche gesegnet hat. Einstweilen arbeitet er mit kräftigen Lebenszeichen gegen jede Heiligsprechung an. Anna beklagt sich unentwegt über ihn – seine Lieblosigkeit, seine Verständnislosigkeit, seinen Geiz, seinen Starrsinn – und Elisa sieht sich außerstande, ein gutes Wort für ihn einzulegen. Würde er gute Worte verdienen, hätte sie seinerzeit nicht das Weite gesucht. Da Anna Elisa nicht für das Verhalten ihres Vaters verantwortlich machen kann, nimmt sie ihr übel, dass sie sich trotz seines fragwürdigen Charakters mit ihm gepaart hat. Du hättest doch sehen können, dass er ein elender Egoist ist! An dieser Stelle sollte Elisa möglicherweise streng sagen: Sprich nicht so über deinen Vater, Anna! Stattdessen sagt sie: Na ja, dann würde es dich aber nicht geben und das täte mir leid.

Katharina, ihre Großnichte, schaut wieder einmal bei Elisa vorbei, in Begleitung ihrer Tochter Louisa. Louisa ist ein wohlerzogenes Mädchen mit Zahnspange, sie geht in eine Klosterschule, weil öffentliche Schulen laut Katharina keine ausreichende Wissensvermittlung garantieren. Schon Katharina wurde in

einem Nobelkloster unterrichtet, das hat ihr wichtige gesell-
schaftliche Verbindungen verschafft, von denen sie heute noch
profitiert.

Die arme Anna musste ihre höheren Kenntnisse in einem
staatlichen Gymnasium erwerben. Das lag zwar in einem Stadt-
teil mit bildungsaffinen Einwohnern und die zwei Ausländerkin-
der in ihrer Klasse fielen weder durch sprachliche noch durch
soziale Defizite auf, aber auf das einflussreiche Netzwerk, über
das Katharina durch ihre Schule verfügt, kann sie nicht zugreifen. An schlechten Tagen macht sie das ihrer Mutter zum Vorwurf, an guten lästert sie über privilegierte Idioten, mit denen
sie nie und nimmer die Schule hätte teilen wollen, und ist angeblich froh, dass sie dank Elisa und Robert in einem norma-
len Umfeld aufwachsen durfte. (Wieso dank Robert?, fragt sich
Elisa. Robert hatte keine Entscheidungsbefugnis. Aber, natürlich, Robert trägt ja jetzt einen Heiligenschein, da gehört es dazu,
dass er beteiligt ist, wenn es etwas Gutes über Annas Jugend zu
sagen gibt.)

Es war hart, aber lehrreich dort, behauptet Anna manchmal
mit feierlichem Ernst, wenn sie von ihrer Schulzeit am öffentli-
chen Gymnasium spricht, und wer ihr zuhört, könnte vermuten,
dass sie eine Ghettoschule hinter sich hat, an der Bandenkriege
und Drogenmissbrauch an der Tagesordnung waren. Sobald es
ihr in den Kram passt, mutiert ihre Schule aber auch zu einem
Hort der Reinen und Unschuldigen, im Gegensatz zu den Pri-
vatschulen, wo der Drogenhandel geblüht habe, weil die Dealer
schließlich gewusst hätten, dass nur bei den reichen Fratzen etwas zu holen war.

Louisa sitzt brav neben ihrer Mutter, Elisa gegenüber, dünn,
blond, blass, und soll auf Katharinas Geheiß erzählen, was sie
im Unterricht gerade Interessantes machen. Es handelt sich um
ein Sozialprojekt, kündigt Katharina an und wirft Louisa einen
aufmunternden Blick zu.

Na ja, wir gehen in ein Altersheim, berichtet Louisa. Eine Woche lang. Wir sollen mit den alten Menschen plaudern oder ihnen vorlesen oder mit ihnen spielen – was sie halt wollen.

Toll, sagt Elisa schwach.

Es gibt natürlich ein Auswahlverfahren, wirft Katharina ein. Unter den Alten, meine ich. Mit denen, die total gaga sind, kommen sie nicht zusammen. Das wäre zu belastend.

Na klar, sagt Elisa, Nächstenliebe darf nicht in Belastung ausarten. Und zu Louisa gewandt: Jetzt bist du aber schon wieder in einem Altersheim! Wird dir das nicht zu viel?

Ach nein, sagt Louisa und lächelt verlegen.

Dieses Kind ist ein Phänomen!, erklärt Katharina. So empathisch. Eine Menschenfängerin. Alle fliegen auf sie. Die Alten, die Kinder, sogar die Babys.

Was ist mit den Gleichaltrigen?, denkt Elisa, sagt aber nichts.

Außerdem ist es gemein, dass sie sich Louisa als Außenseiterin vorstellt, nur weil Katharina wieder einmal das Loblied ihrer unvergleichlichen Brut singt. Louisa ist kein unsympathisches Mädchen, sie kann nichts dafür, dass Katharina ständig mit ihren Kindern angeben will.

Katharina ist eigentlich gar keine richtige Großnichte, sondern weitschichtiger mit Elisa verwandt. Warum sie es als ihre Pflicht ansieht, Elisa regelmäßig zu besuchen, ist unklar, vielleicht hängt es, mutmaßt Elisa, mit einem dynastischen Familienbegriff zusammen, den Nobelschulen vermitteln.

(Was meinst du mit dynastisch?, fragte Anna.

Dass ihr der gemeinsame Genpool wichtig ist.

Quatsch, sagte Anna, die will sich bloß mit dir schmücken. Meine Großtante, die bekannte Fotografin. Als ehemalige Verkäuferin wärst du ihr total wurscht.

Ich glaube nicht, dass sie Verkäuferinnen in unserem gemeinsamen Genpool überhaupt für möglich hält, sagte Elisa und lachte.)

Der Teil der Verwandtschaft, zu dem Katharina gehört, hat Elisa nie sonderlich interessiert, abgesehen davon, dass sie sich sowieso nichts aus Blutsbanden macht. Katharina entstammt einem Rudel konservativer, ehrbarer Menschen, maßvoll wohltätig aus christlicher Tradition, aber standesbewusst und selbstgerecht. Katharina ist ihr typisches Produkt, und Louisa wird die Reihe fortsetzen. Sie wird in dieselbe altehrwürdige Tanzschule gehen wie Katharina und vielleicht dort schon auf ihren zukünftigen Mann treffen, einen selbstsicheren Knaben mit ehrgeizigen Plänen und einem familiären Hintergrund, der es ihm leicht machen wird, diese zu verfolgen. Sie wird selber studieren, jedoch vermutlich nicht darauf angewiesen sein, von den Erträgnissen ihrer Arbeit zu leben. Sie wird ...

Vielleicht kommt aber alles ganz anders, und mit Elisa geht bloß ihre boshafte Fantasie durch, weil sie neidisch ist auf wohlgeordnete Biografien, in denen Selbstzweifel keinen Platz haben.

Katzen, sagt Louisa jetzt.

Was? Warum?

Wieder einmal hat Elisa nicht zugehört und ihre Gedanken abschweifen lassen. Aber Katzen ist ein elektrisierendes Wort.

Sie haben Katzen dort, sagt Katharina erklärend.

Wo? Im Altersheim?

Ja, bestätigt Louisa. Komisch, nicht?

Es stellt sich heraus, dass in der Seniorenresidenz, die Louisa wohltätig aufsucht, auch zwei Katzen wohnen. Sie laufen nach Louisas Schilderung im ganzen Haus herum und haben Zutritt zu den Zimmern, sofern die Bewohnerinnen das wünschen. Bei manchen Leuten liegen sie auf dem Bett, erzählt Louisa, von anderen halten sie sich fern, obwohl die sie zu locken versuchen.

Eine Schnapsidee, wirft Katharina ein.

Was?, fragt Elisa.

Na, dass die Katzen halten. Hygienisch ist das nicht. Auf dem Bett!

Meine Katzen durften auch ins Bett, sagt Elisa.

Louisa kräuselt die Nase. Ich habe der Frau, die ich betreue, gesagt, dass ich das unhygienisch finde. Aber sie will nicht auf mich hören.

Warum sollte sie denn auf dich hören?, fragt Elisa. Louisa schaut gekränkt.

Ich verstehe dich nicht, sagt Anna. Kleine Kinder im Haus kannst du nicht leiden, aber Katzen wären dir recht?

Ich habe nichts gegen kleine Kinder, antwortet Elisa. Ich habe nur etwas dagegen, dass man sie benützt, um die Alten wie in einem Streichelzoo vorzuführen.

Du nimmst immer nur das Schlechteste an.

Ach komm, das sind doch sentimentale Inszenierungen. Das kleine Kind und das dankbare alte Mütterlein. Unentwegt sollen wir dankbar sein.

Na gut, kleine Kinder gehen dir auf die Nerven, Katzen nicht. Warum?

Das kannst du doch nicht vergleichen. Mit Kindern muss man sich beschäftigen. Auf Kinder muss man eingehen. Kinder sind eine Aufgabe.

Ja, und?

Ich will mir meine Aufgaben selber aussuchen.

Also Katzen.

Katzen sind keine Aufgabe. Die sind selbständig.

Sie schweigen. Dann fragt Anna: Und du möchtest in dieses Katzenheim übersiedeln? Ihr Ton signalisiert: Was Verrückteres fällt dir nicht ein? Weißt du, was das für mich bedeutet?

Elisa schüttelt den Kopf. Das habe ich nicht gesagt. Ich hab dir nur erzählt, dass es das gibt.

Aber doch nicht ohne Grund?

Elisa seufzt. Der Grund ist, dass ich es dir einfach erzählen wollte, sagt sie müde. Ich möchte nicht übersiedeln. Ich habe keine Ahnung, wie es dort ausschaut. Ich weiß nicht, ob man mich überhaupt aufnehmen würde. Mir gefällt nur, dass es so etwas gibt.

Anna behält ihre aufgebrachte Miene bei. Elisa schließt die Augen.

Um fünf am Nachmittag kommt wie üblich das Abendessen. Es besteht wie üblich aus zwei dicken Schnitten Graubrot, einem Klötzchen Butter in Alufolie, drei Scheiben Käse von plastikartiger Konsistenz, einer geschmacksfreien Tomate und einem harten Ei. Dazu gibt es einen sogenannten Früchtetee, wie Elisa ihn hasst. Er schmeckt wie üblich nicht nach Früchten, sondern nach Chemie. Und wie üblich isst Elisa nur ein halbes hartes Ei und verlangt ein Glas Wasser zum Trinken.

Musst du mehr essen, Oma, sagt die Feindin mit dem falschen Prachtgebiss.

Kann nicht, sagt Elisa.

Bist du aber zu dünn.

Macht nichts, sagt Elisa.

Sie stellt sich vor, wie eine ihrer früheren Katzen zur halb geöffneten Tür hereinspaziert. Der dicke Falstaff. Der schlaue Cato. (Kato, schrieb die Tierarzthelferin in seinen Impfpass, und genau diese Doppeldeutigkeit war bei seiner Namensgebung beabsichtigt gewesen.) Oder die sanftmütige Rosamunde. Sie malt sich aus, wie Cato auf ihr Bett springt und es sich darin gemütlich macht. Unwillkürlich rückt sie zur Seite.

Die Feindin streichelt ihre nasse Wange. Nicht traurig sein. Alles wird gut, Oma.

Glaub ich nicht, schluchzt Elisa. Aber es könnte schlimmer sein, oder?